Pflanzliche Urtinkturen

Roger Kalbermatten
Hildegard Kalbermatten

Pflanzliche Urtinkturen

Wesen und Anwendung

AT Verlag

Fotos: Seite 11, 16, 18, 19: Ceres Heilmittel AG, Kesswil; Seite 36:
Samuel Widmer, Lengwil; alle übrigen: Roger Kalbermatten, Kesswil

3. Auflage, 2007

AT Verlag, Baden und München
Lithos: AZ Print, Aarau
Druck und Bindearbeiten: Firmengruppe APPL, aprinta druck, Wemding
Printed in Germany

ISBN 978-3-03800-220-8

www.at-verlag.ch

Inhaltsverzeichnis

Einleitung

7 Was sind pflanzliche Urtinkturen?
11 Wesen und Qualität
14 Herstellung und Qualität
18 Anwendung von wesenhaften Urtinkturen

Einzelmittel

24 Absinthium Ø
25 Aesculus Ø
26 Alchemilla Ø
27 Allium ursinum Ø
28 Avena sativa Ø
29 Bellis perennis Ø
30 Betula Folium Ø
31 Bursa pastoris Ø
32 Calendula Ø
33 Carduus marianus Ø
34 Centaurium Ø
35 Chamomilla Ø
36 Cichorium intybus Ø
37 Crataegus Ø
38 Cynara scolymus Ø
39 Echinacea purpurea Ø
40 Equisetum arvense Ø
41 Euphrasia Ø
42 Fraxinus excelsior Ø
43 Gentiana Ø
44 Geranium robertianum Ø
45 Ginkgo Ø
46 Glechoma hederacea Ø
47 Hedera helix Ø
48 Hypericum Ø
49 Imperatoria Ø
50 Lavandula Ø
51 Lupulus Ø
52 Lycopus europaeus Ø
53 Melilotus Ø
54 Melissa officinalis Ø
55 Mentha piperita Ø
56 Millefolium Ø
57 Passiflora incarnata Ø
58 Plantago lanceolata Ø
59 Ribes nigrum Ø
60 Rosmarinus Ø
61 Salvia Ø
62 Sambucus nigra Ø
64 Solidago Ø
65 Taraxacum Ø
66 Thymus vulgaris Ø
67 Tropaeolum majus Ø
68 Urtica dioica Ø
69 Valeriana Ø
70 Viola tricolor Ø
71 Viscum album Ø

Kombinationsmittel

72 Alchemilla comp.
72 Daucus comp.
73 Ginkgo-Dryopteris comp.
73 Hedera comp.
74 Hypericum comp.
74 Melissa comp.
75 Solidago comp.
76 Taraxacum comp.
76 Urtica-Sambucus comp.
77 Valeriana comp.
78 Viscum comp.

Homöopathische Dilutionen

79 Allium cepa
79 Aconitum
79 Arnica
79 Belladonna
79 Berberis
80 Chamomilla
80 Chelidonium
80 Cimicifuga
80 Colchicum
80 Convallaria
81 Hypericum
81 Mercurialis
81 Petasites

82 Anwendungsgebiete im Überblick

83 Indikationsverzeichnis

95 Die Autoren

Einleitung

Was sind pflanzliche Urtinkturen?

Eine Heilpflanze muss zubereitet werden

Pflanzen sind unsere Lebensgrundlage. Deshalb sind auch Heilpflanzen die Grundlage des Heilens. Nicht alle Krankheiten können zwar mit pflanzlichen Heilmitteln allein behandelt werden, als Basis oder Abrundung jedoch sind sie Teil jeder ganzheitlichen Therapie. Denn nur ein pflanzliches Heilmittel vermag den Menschen gleichzeitig auf den drei Ebenen von Körper, Regulation und Psyche zu erfassen.

Immer mehr Menschen übernehmen Eigenverantwortung für ihre Gesundheit und informieren sich dazu über den Gebrauch von Heilpflanzen. Viele wissen, dass Johanniskraut Licht ins Gemüt bringt, Ginkgo das Gedächtnis verbessert, Weißdorn das Herz stärkt, Sonnenhut die Abwehr steigert, Mariendistel die Leber anregt oder Rosskastanie die Venendurchblutung fördert. Einige Heilpflanzen sind gar so tief in unserer Kultur verankert, dass fast jeder um die Wirkungen von Baldrian, Kamille und Wermut weiß. Karl Heinrich Waggerl hat ein humorvolles Gedicht über die Kamille geschrieben, die wohl als Inbegriff der Heilpflanze gilt.

In diesem Gedicht wird von der Kamille an sich gesprochen. Niemand würde aber bei Bauchweh einfach so eine Kamillenblüte essen. Um eine Heilpflanze anzuwenden, muss sie zuerst in eine geeignete Form gebracht, das heißt zubereitet werden. Es gibt verschiedene Möglichkeiten der Zubereitung. Jede vermag wichtige Eigenschaften der Pflanze zu vermitteln, aber keine wird allen Eigenschaften gerecht. Es gibt unterschiedliche Schwerpunkte. Darauf wird in der Fachliteratur kaum eingegangen, deshalb versuchen wir, eine Differenzierung von verschiedenen Heilpflanzenzubereitungen vorzunehmen.

»Die Kraft, das Weh im Leib zu stillen,
verlieh der Schöpfer den Kamillen.
Sie blühn und warten unverzagt
auf jemand, den das Bauchweh plagt.
Der Mensch jedoch in seiner Pein
glaubt nicht an das, was allgemein
zu haben ist. Er schreit nach Pillen.
Verschont mich, sagt er, mit Kamillen,
um Gottes willen.«

Tee

Der Tee (Heißwasseraufguss) ist die bekannteste und einfachste Zubereitung. Die arzneilich wirksamen Pflanzenteile werden zur Haltbarmachung (und zur Entfaltung von Wirkprinzipien!) getrocknet, mit heißem Wasser übergossen und abgeseiht. Dieser Auszug besitzt neben einer relativ großen Wirkstoffmenge die heilenden Eigenschaften des heißen Wassers. Ein Tee wirkt in akuten Fällen rasch und ist vor allem bei jenen Krankheiten, die durch die Zuführung von Wärme und viel Flüssigkeit positiv beeinflusst werden können, die optimale Zubereitung.

Tinktur

Tinkturen sind wässrig-alkoholische Auszüge aus *getrockneten* Arzneipflanzen, die mit dem Fachbegriff Drogen – von getrocknet – bezeichnet werden. Das Verhältnis von Droge zu Tinktur ist meistens 1 Teil zu 5 Teilen. Tinkturen sind heute wenig gebräuchlich, viel häufiger werden Urtinkturen (siehe unten) angewandt.

Extrakt

Extrakte – dazu gehören Fluidextrakte (flüssig), Spissumextrakte (zähflüssig) und Trockenextrakte – sind

Auszüge mit Alkohol-Wasser-Gemischen oder anderen Lösungsmitteln. Sie sind konzentrierter als Tinkturen. Das Verhältnis von Droge zu Extrakt reicht von 1 zu 2 bis 5 zu 1. Mit Extrakten kann eine große Menge an Wirkstoffen pro Dosis verabreicht werden. Die modernen, hochdosierten und standardisierten Arzneipflanzenpräparate in Form von Kapseln oder Dragees enthalten meistens Trockenextrakte. Sie sind bei jenen Patienten angezeigt, bei denen die Selbstheilungskräfte vorübergehend so stark geschwächt sind, dass sie auf normale komplementärmedizinische Therapien nicht mehr reagieren können. In den letzten Jahren sind immer häufiger Neben- und Wechselwirkungen von hochdosierten Extraktpräparaten bekannt geworden. Obwohl diese unerwünschten Wirkungen ausschließlich eine Folge einer zu hohen Dosis sind und bei normaler Dosis nicht auftreten, wirkt sich dies leider negativ auf den Ruf der Heilpflanze aus.

Ätherisches Öl

Ätherische Öle bestehen aus den flüchtigen fettlöslichen Stoffen der Pflanze und sind meistens die Träger des Geruchs. Sie werden in der Regel durch Wasserdampfdestillation oder andere Verfahren aus den frischen oder getrockneten Pflanzen gewonnen. Ätherische Öle sind unverzichtbare Bestandteile von Salben und anderen äußerlichen Anwendungsformen, in denen sie geruchliche und arzneiliche Funktionen ausüben. Häufig werden sie auch in der Aromatherapie eingesetzt.

Spagyrische Essenz

Spagyrische Essenzen gehen auf alchemistische Traditionen zurück und werden durch komplizierte Verfahren aus frischen oder getrockneten Pflanzen hergestellt. Es gibt zahlreiche mehr oder weniger unterschiedliche Herstellungsverfahren, bei denen einer oder mehrere der folgenden Schritte beteiligt sind: Fermentationsprozesse, Destillation, Veraschung. Bei der Herstellung von spagyrischen Essenzen erfährt die Pflanze eine Wesensveränderung, eine Art Vorverdauung. Dadurch wirken die spagyrischen Essenzen sehr mild und praktisch nebenwirkungsfrei. Spagyrische Essenzen sind hervorragende Mittel für die Selbstmedikation; mild und sicher in der Wirkung bei akuten und chronischen Erkrankungen.

Urtinktur

Urtinkturen (Bezeichnung mit dem lateinischen Pflanzennamen und dem Symbol Ø) werden meistens aus *frischen* Pflanzen – dies ist der wesentlichste Unterschied zu den Tinkturen – durch Extraktion mit Alkohol hergestellt. Zu Anfang der nachfolgenden Pflanzenbeschreibungen steht jeweils, aus welchem Teil der Pflanze sie hergestellt werden.
Stofflich sind die Urtinkturen etwa halb so konzentriert wie Tinkturen. Bei guter Qualität haben sie jedoch eine stärkere Wirkung als diese. Urtinkturen werden bei akuten und chronischen Erkrankungen eingesetzt und entfalten ihre Vorteile vor allem in Bezug zum Wesen der Pflanze (siehe weiter unten). Urtinkturen werden auch als Ausgangssubstanzen für die Herstellung von homöopathischen Verdünnungen eingesetzt.

Homöopathische Dilution

Homöopathische Dilutionen werden aus Urtinkturen durch stufenweise Verdünnung und Verschüttelung (im Verhältnis 1 zu 10 oder 1 zu 100 hergestellt). Bei tiefen Potenzen (bis etwa D12) bestehen etwa die gleichen Wirkungen und Anwendungsgebiete wie für die oben genannten Zubereitungen. Bei höheren Potenzen wird das Spektrum der Wirkungen, das Arzneimittelbild, differenzierter und umfassender. Es treten dann auch immer mehr psychische Symptome in den Vordergrund. Diejenigen Pflanzen, die hauptsächlich als Tee, Extrakt oder Urtinktur angewandt werden, benutzt man meist in tiefen Potenzen. Höhere Potenzen werden in der Regel von giftigen Pflanzen oder sonst stark individualisierten Arzneipflanzen eingesetzt. Homöopathische Dilutionen haben eine tiefgreifende und nachhaltige Wirkung und werden je nach Potenz bei akuten und chronischen Krankheiten eingesetzt. Höhere Potenzen können zu Erstverschlimmerungen führen.

Die Eigenschaften von pflanzlichen Urtinkturen

Anwendung zur Behandlung von körperlichen und funktionellen Erkrankungen

Wie bereits erwähnt sind Urtinkturen meist Frischpflanzenpräparate. In Bezug auf ihre Anwendungsgebiete besteht eine weitgehende Übereinstimmung mit denjenigen von Tee, Extrakt, spagyrischer Essenz oder Tiefpotenz. Die in den nachfolgenden Pflanzenbeschreibungen aufgeführten Anwendungsgebiete geben in der Regel die aktuelle Kenntnis in stichwortartiger Form wieder. In vielen Büchern und Publikationen werden diese Informationen umfassender dargestellt. Es empfiehlt sich daher, die Anwendungsgebiete der Heilpflanzen durch weiteres Literaturstudium zu vertiefen. Der Schwerpunkt des vorliegenden Buchs liegt nicht auf der Anwendung bei körperlichen Indikationen, sondern auf der Darstellung des Wesens der Pflanzen. Dass dies im Zusammenhang mit Urtinkturen geschieht, hat einen besonderen Grund.

In den Urtinkturen kommt das Wesen der Pflanzen am besten zum Ausdruck

In keiner anderen Zubereitung kommt das Wesen der Heilpflanze so klar zum Ausdruck wie in einer Urtinktur. Voraussetzung ist aber die gute Qualität der Urtinktur.

Das Heilpflanzenwesen kommt vor allem im Geruch und im Geschmack der Zubereitung zum Ausdruck. (Die Beziehung zwischen Geruch und Wesen zeigt sich z. B. im französischen Begriff *huiles essentielles* für ätherische Öle, was »wesentliche Öle« bedeutet.) Allein die Urtinktur kann – eine gute Qualität vorausgesetzt – den Geruch und Geschmack der Pflanze in möglichst reiner Form enthalten. Beim ätherischen Öl tritt zwar der Geruch noch stärker hervor, aber der Geschmack fehlt. Bei der spagyrischen Essenz hat der Geruch aufgrund der Fermentation einen entscheidenden Wandel erfahren, und der Geschmack entspricht nicht der ursprünglichen Pflanze. Bei der homöopathischen Dilution ist aufgrund der großen Verdünnung das Aroma der Pflanze gänzlich abwesend. Beim Tee sind zwar die Geschmackskomponenten deutlich vorhanden, der Geruch ist hingegen aufgrund der Trocknung der Pflanze oft etwas flach. Beim Extrakt hat sich aufgrund der Konzentrierung bei der Herstellung der Geruch weitgehend verflüchtigt; überdies treten bei den üblichen Darreichungsformen (Dragees, Kapseln) Geruch und Geschmack gar nicht in Erscheinung.

Mit diesen Feststellungen sei nichts Negatives über die jeweiligen Zubereitungen gesagt. Wenn bei einer Therapie mit Heilpflanzen lediglich auf der körperlichen oder regulativen Ebene eingegriffen werden soll (siehe »Was ist das Wesen?«, Seite 10), stellt die Abwesenheit der Wesensaspekte keinen Mangel dar. Hat man jedoch das Bedürfnis, das Wesen der Pflanze zu berücksichtigen und den Patienten auch direkt auf der seelischen Ebene anzusprechen, ist die Urtinktur das Mittel der Wahl.

Sind Urtinkturen pflanzliche oder homöopathische Arzneimittel?
Urtinkturen schaffen manchmal Verwirrung, weil sie je nach Standpunkt – dem des Arzneimittelrechts oder dem des Anwenders – zu den pflanzlichen beziehungsweise homöopathischen Arzneimitteln gezählt werden.
Pflanzliche Arzneimittel enthalten gemäß Arzneimittelrecht und Behörden eine ausreichend hohe Menge Wirkstoffe, die analytisch nachgewiesen werden kann. Homöopathische Arzneimittel hingegen sind nicht über den Wirkstoffgehalt definiert, sondern durch die Herstellung nach den Vorschriften des Homöopathischen Arzneibuchs (HAB). Bei homöopathischen Verdünnungen liegen die Wirkstoffe in derart tiefer Konzentration vor, dass sich deren Analyse erübrigt. Bei den homöopathischen Arzneimitteln anerkennt man andere Wirkprinzipien als die Wirkstoffe (siehe »Information, das homöopathische Wirkprinzip«, Seite 14). Urtinkturen werden nach dem HAB hergestellt und sind Ausgangsstoffe für die Herstellung von homöopathischen Dilutionen. Deshalb zählen sie formal auch zu den homöopathischen Arzneimitteln, obwohl sie nicht verdünnt sind. Sie werden auf der Etikette als »Homöopathisches Arzneimittel« bezeichnet.
Anders ist der Standpunkt des Arztes oder Therapeuten. Ein pflanzliches Arzneimittel (im Fachbegriff Phytotherapeutikum oder Phytopharmakon) wird aufgrund von Indikationen und ein homöopathisches Arzneimittel nach dem Arzneimittelbild angewandt. Beispiel: Ein phytotherapeutisches Präparat aus Baldrian (Tee, Tinktur, Extrakt usw.) wird bei Schlafstörungen und Unruhezuständen angewandt, weil aufgrund von Erfahrungen oder Studien bekannt ist, dass Baldrian beruhigend wirkt. Ein homöopathisches Baldrianpräparat hingegen wird nach dem Arzneimittelbild angewandt. Damit bezeichnet man die Gesamtheit aller Symptome, die bei der Prüfung von Baldrian an gesunden Probanden auftreten können. Bei dieser Prüfung entstehen unter anderem auch Unruhezustände. Folglich kann auch ein homöopathisches Tiefpotenz-Baldrian-Präparat – wie ein phytotherapeutisches – bei Unruhezuständen eingesetzt werden. Es ist also letztlich eine Frage des Standpunkts und kommt im Endeffekt auf das Gleiche heraus. Der wesentliche Unterschied zwischen Phytotherapie und Homöopathie kommt erst bei den höheren Potenzen zum Tragen. Bei diesen treten immer differenziertere (auch seelische) Symptome und Modalitäten in den Vordergrund.
Urtinkturen und auch Tiefpotenzen werden meistens nach Indikationen angewendet. Deshalb rechnet der Anwender sie zu den pflanzlichen Arzneimitteln. Homöopathika im eigentlichen Sinne sind für den Therapeuten erst die höheren Potenzen.
Urtinkturen (und Tiefpotenzen) sind also von der Anwendung her pflanzliche, arzneimittelrechtlich hingegen homöopathische Arzneimittel.

Wesen und Qualität

Was ist das Wesen?

Das Wesen ist der verborgene Grund, der verborgene Sinn. Es ist die Kraft, die hinter der Erscheinung liegt. Das Wesen ist für die äußerlichen Sinne nicht wahrnehmbar. Es ist das, wovon Antoine de Saint-Exupéry mit den bekannten Worten spricht: »Man sieht nur mit dem Herzen gut, das Wesentliche ist für die Augen unsichtbar.« Das Herz ist ein inneres Sinnesorgan für den verborgenen Sinn hinter dem Äußeren. Wenn sich der Mensch nur auf die äußeren Sinneseindrücke und den Verstand abstimmt, vermag er wohl die Gesetze der Materie zu erkennen, aber nicht die des Lebens. In Bezug zur Materie wird er zwar zu großartigen Leistungen befähigt, den Lebensgesetzen hingegen wird er oft Gewalt antun. Über und hinter den materiellen Gesetzen stehen höhere Gesetze. Sie leiten und beeinflussen die materiellen Zustände, ohne dabei die physikalischen Gesetze zu verletzen.

Die wesentlichen Lebensgesetze, der verborgene Grund und Sinn will von unseren Herzen erkannt werden, will zu unserer Seele sprechen. Der Mensch steht in seinem Entwicklungsweg vor der Aufgabe, Bewusstsein von den verborgenen Kräften und Gesetzen zu erwerben. Eine neue Welt öffnet sich, wenn er sich seiner eigenen Seele und des Wesens von Pflanzen, Tieren und Dingen bewusst wird. Diese Bewusstwerdung ist höchst aktuell. Das zeigt sich unter anderem in dem in den letzten Jahren erwachten großen Interesse vieler Menschen für psychologische Zusammenhänge.

Kräutergarten mit harmonikaler Struktur

Der verborgene Sinn spricht zu uns, aber nicht abstrakt, nicht medial, sondern konkret, über die sinnlich erfahrbaren Erscheinungen. Das wird oft vergessen, denn der Mensch neigt zum Polarisieren. Viele, die früher auf die Materie ausgerichtet waren und nun etwas von geistigen Prinzipien ahnen, verlegen ihren Schwerpunkt aufs Immaterielle. Sie betrachten dann die materiellen Erscheinungen als minderwertig. Aber der Mensch ist ein Erdenwesen. Er ist dazu berufen und befähigt, in der äußeren Erscheinung das dahinter liegende geistige Gesetz zu erkennen. Es ist unsere Chance, mit dem Herzen zu erkennen, dass alle äußeren Erscheinungen von einem inneren Gesetz weise geleitet sind. Sie sind der Ausdruck, die Offenbarung dieses Höheren. Die Lebensformen und äußerlichen Umstände sind wie die Spuren eines Menschen im Sand. Ein guter Spurenleser kann in den Abdrücken etwas über Herkunft, Geschwindigkeit, Rhythmus und Ziel des Strandläufers erkennen. Genauso müssen wir zu Spurenlesern werden. Haben wir nicht gelernt, in einem guten Buch das Wesentliche zwischen den Zeilen herauszulesen, in der Stimme und Gebärde eines Sprechers die hinter ihm wirkende wesentliche Kraft herauszuhören? Genauso kann unser Herz aus Gestalt, Farbe, Geruch und Geschmack einer Pflanze ihr Wesen erkennen.

In einem Heilmittel aus Pflanzen ist die Gestalt nicht mehr und die Farbe kaum mehr vorhanden. Zurück bleiben der Geruch und der Geschmack, die zu uns sprechen. Es ist eine wechselseitige Kommunikation. Wir erhalten über Geruch und Geschmack einen Zugang zum Wesen, und das Pflanzenwesen hat auch einen Zugang zu uns. Es will uns erreichen. Das Herz der natürlichen Dinge will unser Herz, unsere Seele erreichen.

Es ist die Bestimmung, der verborgene Sinn einer Heilpflanze, einen Gegenpol zum kranken Menschen (oder Tier) zu schaffen und damit wieder ein Gleichgewicht anzustreben. Die Pflanze sucht also die Krankheit und findet ihre höchste Bestimmung darin, wenn sie als Heilmittel Verwendung findet. Sie will auf der körperlichen Ebene die geschwächten Funktionen von Leber, Niere, Herz usw. unterstützen, sie will aber auch von uns bewusst wahrgenommen und assimiliert werden. Dieser Prozess geschieht bei einer zum Heilmittel veredelten Heilpflanze am besten über den Geruch und Geschmack. Da Geruch und Geschmack, wie gesagt, nur bei den Urtinkturen in voller Ausprägung vorhanden sein können, sind dies für unsere Zeit sehr wichtige Zubereitungen.

Nun könnte die Frage auftauchen: Es gibt auch Zubereitungen ohne Geruch und Geschmack, wie z. B. homöopathische Dilutionen (Hochpotenzen) oder Bachblüten oder andere energetische Präparate, die eindeutig auf die Psyche wirken. Steht das nicht im Widerspruch zu den obigen Aussagen? Es ist völlig richtig, dass auch die erwähnten Zubereitungen auf die Psyche wirken. Aber nicht unmittelbar über das Bewusstsein, denn das Bewusstsein wird durch die Sinneswahrnehmung ermöglicht und entzündet. Ohne Sinne hätten wir kein Bewusstsein. Die erwähnten Mittel wirken über die Regulation auf die Psyche. Die Regulation ist die leitende, höhere Instanz im Organismus, die alle biochemischen, stofflichen Prozesse reguliert. Sie steht auch in einer unmittelbaren Beziehung zur Psyche, sie vermittelt zwischen Körper und Psyche. Diese Mittel wirken also indirekt – über die Regulation – auf die Psyche, eine Urtinktur hingegen wirkt über die Sinneswahrnehmung und das Bewusstsein – also direkt – auf die Psyche. Durch die unmittelbare Einwirkung entsteht ein Gewinn für das Bewusstsein.

Dazu möge folgender Vergleich dienen: Wenn ein Mensch infolge einer schmerzlichen Erfahrung leidet und sich in tiefer Ratlosigkeit befindet, kann ihm auf verschiedene Arten geholfen werden. Er kann zum Beispiel Rat und Trost in einem Buch finden und sich damit wieder aufrichten. Auch positive Gedanken von nahestehenden Menschen können hilfreich sein. Wenn aber ein Freund physisch anwesend ist, mit seinem aufmunternden Lächeln, seiner wärmenden Berührung und seinen liebevollen Worten Rat und Trost spendet, dann fließt nicht nur eine Information, sondern auch eine Energie, mit der sich der Leidende viel wirkungsvoller aufrichten kann. Vor allem aber – und dies ist das Wesentliche – ist sein Bewusstsein, seine Seele mit Wärme beschenkt worden.

Bei der Anwendung von Urtinkturen in guter Qualität ist das Wesentliche die Übertragung einer Wärmequalität. Ein sinnlich wahrnehmbares pflanzliches Heilmittel vermag unser Bewusstsein, unsere Seele mit den heilenden Kräften der Natur zu durchwärmen.

Die Beziehung zwischen Wesen und Qualität

Für viele, die heute im Erwerbsleben stehen, ist der Begriff Qualität allgegenwärtig: Qualitätssicherung, Qualitätsmanagement, Qualitätskontrolle, ISO-Zertifizierung usw. Qualität kann auf verschiedenen Ebenen definiert werden. Grundsätzlich bezeichnet man mit Qualität die Gesamtheit aller wesentlichen Eigenschaften eines Produktes. Doch je nachdem, was man als wesentlich betrachtet, verlagert sich das Verständnis für Qualität. Bei den oben genannten Begriffen geht es um die Gewährung der äußerlichen Qualität,

die durch chemische und physikalische Messmethoden geprüft werden kann. Es ist eine materiell definierte, mechanistisch-funktionale Qualität. Das ganze Augenmerk richtet sich in vielen Firmen auf diese äußerliche Qualität.
Es gibt jedoch noch eine innere Qualität, die nicht mit physikalischen und chemischen Methoden bestimmt werden kann. Die innere Qualität steht in direkter Beziehung zum Wesen. Durch die innere Qualität offenbart sich das Wesen. Die innere Qualität ist die Ausstrahlung eines Produkts, seine Lebendigkeit, seine innere Wärme. Über die innere Qualität kann das Bewusstsein eine Beziehung zum Wesen aufnehmen.
Ein Beispiel für den Unterschied zwischen innerer und äußerer Qualität: Ein Musikstück kann von den Interpreten völlig fehlerfrei und virtuos gespielt werden und doch seelenlos und leer sein. Es bewegt uns nicht, weil wir nur eine äußere Klanghülle mit wenig Inhalt wahrnehmen. Demgegenüber dürfen sich beseelt spielende Interpreten beim gleichen Stück durchaus einige kleine Fehler leisten, ohne dass dies als störend empfunden wird. Wir schwingen mit und die Musik bewegt uns, weil die innere Kraft der Musik zwischen den Klängen ertönt. Daraus lässt sich entnehmen, dass das Äußere zwar ziemlich gut, aber nicht unbedingt perfekt sein muss. Viel wichtiger als Perfektion ist die innere Beseeltheit, denn nur diese vermittelt uns die wesentliche Botschaft der Musik.
Die innere Qualität einer Urtinktur drückt sich in der Reinheit von Geruch und Geschmack aus, das heißt darin, dass keine Elemente von Destruktion anwesend sind. Das ist nur dann möglich, wenn destruktive Herstellprozesse vermieden werden und die Hersteller fachkompetent und liebevoll arbeiten (ausführlicher dazu Seite 16, »Die Herstellung von Urtinkturen mit innerer Qualität«).
Fachkompetenz bildet die Grundvoraussetzung für Qualität an sich, und liebevolle Arbeit bildet den Nährboden für die innere Qualität. Wenn die Qualität auf die äußerlichen Eigenschaften reduziert wird, gibt es einen Bruch zwischen innen und außen. Das innere Wesen kann dann nicht mehr nach außen dringen, das heißt, das Produkt verliert die Ausstrahlung, die Wärme. Durch den Verlust der inneren Qualität geht auch der Bezug der Mitarbeitenden, die Verbindung mit ihrem Erzeugnis, und die Motivation immer mehr verloren. In dem Maße, wie die Motivation der Mitarbeitenden verloren geht, beginnt die äußere Qualität zu bröckeln und muss mit einem enormen finanziellen und administrativen Aufwand einigermaßen aufrechterhalten werden. Die Arbeit degeneriert zu einem mechanischen Vorgang, der äußerst fehleranfällig wird und durch Qualitätssicherungsmaßnahmen gestützt werden muss. Darum ist Fachkompetenz und Liebe (Motivation, Identifikation, Sorgfalt) zu den Werken die beste Voraussetzung sowohl für die innere als auch für die äußere Qualität.

Bedeutung von innerer Qualität für den Menschen

Alle Produkte können eine Ausstrahlung, eine innere Qualität aufweisen. Je lebendiger die Rohstoffe (Heilpflanzen, Nahrungspflanzen, Naturtextilien, Holz, Natursteine, Metalle) eines Produkts sind, desto stärker kann seine Ausstrahlung sein. Auch ein Werk aus Holz (z. B. ein Tisch) hat – wenn kompetent und liebevoll hergestellt – eine Ausstrahlung. Je lebendiger die Rohstoffe, desto wichtiger ist die innere Qualität. Welche Bedeutung hat es nun für den Menschen, sich mit qualitativ hochwertigen Lebensmitteln zu ernähren, sich mit Qualitätsprodukten zu umgeben und

qualitativ hochwertige Zubereitungen aus Heilpflanzen zu sich zu nehmen?
Ein Mensch, der sich nicht um Produkte mit innerer Qualität kümmert, mag durchaus zu intellektuellen und körperlichen Höchstleistungen imstande sein. Aber der Sinn für das Wesentliche und für die echte Schönheit und Kunst geht verloren. Die Abwesenheit von Qualität führt zu einer Sklerotisierung in Körper und Seele, zu einer materialistischen Gesinnung. Die innere Qualität hingegen führt dem Menschen über die Sinne Lebens- und Bewusstseinskräfte zu. Sie führt zu einer »Durchwärmung« des Bewusstseins, zur Fähigkeit, Schönheit zu erkennen und zu erschaffen.

Herstellung und Qualität

Der Qualitätsbegriff von Wissenschaft und Behörden

Die naturwissenschaftliche Arzneipflanzenkunde und die Arzneimittelbehörden definieren die Qualität eines pflanzlichen Arzneimittels durch den Wirkstoffgehalt und die Abwesenheit von Verunreinigungen. Sie betrachten die Wirkstoffe als alleinige Ursache für die Wirksamkeit einer Heilpflanze und ihrer Zubereitung. Sie nehmen an, dass die Stärke der Wirkung folglich eine Frage der Menge und Resorbierbarkeit (der Art, wie die Wirkstoffe vom Körper aufgenommen werden) ist. Diese Vermutung, die davon ausgeht, dass nur die Materie und die heute bekannten physikalischen Kräfte real existieren, führt zwangsläufig zur Vorstellung, dass pflanzliche Arzneimittel mit einer großen Menge an Wirkstoffen besonders gut wirken. Arzneimittelfirmen, die diesen wissenschaftlichen Glauben teilen, haben daher die pflanzlichen Extrakte stark konzentriert (Trockenextrakte), um möglichst viel Wirkstoffe in ein Dragee oder eine Kapsel zu packen. Um die erntebedingten Wirkstoffschwankungen auszugleichen, werden die Extrakte auf einen konstanten Gehalt eingestellt, also normiert oder standardisiert. So sind die hochdosierten, standardisierten Arzneipflanzenpräparate entstanden, die im Markt sehr dominant auftreten.
Diesem wissenschaftlichen Glauben stehen folgende Tatsachen gegenüber:
1. Mit der Einnahme von 20 bis 30 Tropfen einer Urtinktur pro Tag werden etwa 10- bis 20-mal weniger Wirkstoffe verabreicht als mit einem hochdosierten Präparat.
2. Urtinkturen sind bewährte, wirksame pflanzliche Heilmittel. Ihre Wirkung ist eher stärker als die von hochdosierten Präparaten (der Autor hat dies in einer klinisch-pharmakologischen Studie gezeigt).
3. Daraus folgt: Für die Wirksamkeit können nicht allein die Wirkstoffe verantwortlich sein.

Information, das homöopathische Wirkprinzip

Homöopathische Arzneimittel enthalten bekanntlich derart geringe Wirkstoffmengen, dass zwangsläufig ein immaterielles Wirkprinzip für ihre erwiesene Wirksamkeit postuliert werden muss. Man spricht dabei von Information. Es ist bekannt, dass wässrige Flüssigkeiten die Fähigkeit haben, biologische Informationen zu speichern. Es besteht die Hypothese, dass dieses Gedächtnis an die innere Struktur des Wassers gebunden ist. Im Rahmen des vorliegenden Buches kann darauf nicht näher eingegangen werden. Für Interessenten gibt es darüber umfangreiche Fachliteratur.

Information: auch in Urtinkturen ein wichtiges Wirkprinzip

Auch in Tinkturen und Urtinkturen ist die Information ein wesentliches Wirkprinzip. Man kann sagen, dass in allen pflanzlichen Heilmitteln, die nicht konzentriert sind, die Information wichtig ist. Sobald aber ein pflanzlicher Auszug eingedickt wird (wie das bei der Herstellung von Trockenextrakten durch Verdunsten der Flüssigkeit geschieht), geht das immaterielle Wirkprinzip, die Information, verloren. Mit der Information verhält es sich wie mit dem Geistigen, das in einer Polarität zum Materiellen steht: Das Geistige benötigt Freiraum, Weite, Offenheit. Je dichter, je materieller, je enger und geschlossener ein Zustand – dies bezieht sich auf viele Ebenen –, desto weniger Raum bleibt für das Geistige. Beispielsweise verliert ein Mensch, der sich völlig auf die Materie ausrichtet (auf Geld, Besitz und körperliche Gesundheit), mehr und mehr den Bezug zum Geistigen. Durch die Konzentrierung der materiellen Wirkstoffe gewinnt man einerseits zwar eine Verstärkung der materiell bedingten Wirkung, verliert aber andererseits das immaterielle Wirkprinzip. Wahrscheinlich vermag der Gewinn den Verlust nicht aufzuwiegen.

Urtinkturen hingegen beinhalten ein Gleichgewicht zwischen materiellen und immateriellen Wirkprinzipien.

Die Bedeutung der Zeit bei der Herstellung von innerer Qualität

Wesen, innere Qualität und Zeit stehen in einer engen Beziehung. Stellen wir uns folgende Situation vor: Wir wollen oder müssen verschiedene Aufgaben in einem Zeitraum erledigen, der viel zu knapp bemessen ist. Wir müssten in derselben Zeit also mehr bewältigen, als mit einem angemessenen Arbeitsrhythmus, mit der uns eigenen Geschwindigkeit möglich ist. Wir jagen und hetzen und geraten in Stress. Achten wir nun auf unsere Mitte, können wir in unserer Brust ein beengendes Gefühl, eine Beklemmung wahrnehmen. Was hat das zu bedeuten? Unsere Seele kann nicht mehr in ihrem wesensgemäßen Rhythmus frei atmen, wir fühlen uns eingeengt. In einer solchen Situation können wir nicht mehr seelenvoll auf andere Menschen zugehen. Unser wahres Wesen ist also für die Mitmenschen nicht mehr so gut wahrnehmbar, wir haben an innerer Qualität verloren.

Was jeder einigermaßen bewusst lebende Mensch an sich selbst wahrnehmen kann, ist ein wichtiges Gesetz, das überall dort gilt, wo es um Leben und Wesen geht: Das Wesen, das Seelische offenbart sich im Rhythmus. Man denke an den Rhythmus des Herzschlags und der Atemzüge. Rhythmische Prozesse fördern die Qualität des Seelischen. Aber nur – und dies ist ganz wichtig –, wenn der Rhythmus innerhalb eines ganz bestimmten Bereichs liegt. Auch Arbeitsprozesse haben ihren Rhythmus. Sowohl ein zu schneller als auch ein zu langsamer Arbeitsrhythmus beeinträchtigt unsere Lebensqualität und die innere Qualität der erzeugten Produkte.

Nun leben wir nicht gerade in einer Zeit, in der man der Gefahr einer Verlangsamung ausgesetzt ist. Heute muss alles schnell gehen, denn man will möglichst viel in kurzer Zeit erledigen oder produzieren. Hinter all dem steht das Streben nach Vermehrung des Gewinns, denn »Zeit ist Geld«, sagt man. Je mehr aber die erzeugten Produkte einen lebendigen oder gar beseelten Aspekt aufweisen, desto kritischer wirken sich Beschleunigungstechnologien aus. Bei der Herstellung von Schrauben oder Nägeln beispielsweise ist nichts gegen Maschinen mit einer hohen Leistungs-

fähigkeit einzuwenden. Bei lebendigen Produkten wie Lebensmitteln oder Heilpflanzenzubereitungen hingegen führt jede Beschleunigungstechnologie zu einer Verminderung der inneren Qualität.
Es hat zu allen Zeiten Hersteller von erstklassigen Produkten gegeben, die um diese Zusammenhänge wussten. Ein guter Müller weiß, dass langsam (möglichst in einer Steinmühle) gemahlenes Getreide ein haltbareres, geschmackvolleres Mehl ergibt. Ein guter Bäcker weiß, dass durch langsames und intensives Kneten des Teigs und durch langsames Aufgehenlassen mit Hefe ohne Beschleunigungszusätze ein herrlich duftendes Brot entsteht. Ein Kellermeister, der Wein in höchster Qualität produziert, weiß, dass die Trauben nicht mit schnell laufenden Maschinen bearbeitet werden dürfen, die Vergärung nicht beschleunigt werden darf und der Wein eine Reifungszeit benötigt. Ein Käser weiß, dass Hartkäse eine bestimmte Reifungszeit benötigt. Ein Hersteller des echten Aceto balsamico tradizionale di Modena weiß, dass nur die jahrelange Reifung in Holzfässern zur wahren Qualität führt. Und ein Schreiner oder Zimmermann ist sich bewusst, dass nur mit langsam getrocknetem Holz, das heißt durch natürliche Lagerung ohne Beschleunigung durch künstliche Trocknung, hochwertige Produkte hergestellt werden können. Die Beispiele könnten beliebig vermehrt werden, denn es handelt sich um ein allgemein gültiges Lebensgesetz.
Und was wissen die Hersteller von pflanzlichen Heilmitteln?

Die Herstellung von Urtinkturen mit innerer Qualität

Das Wissen um die optimale Herstellung von pflanzlichen Urtinkturen ist weitgehend verloren gegangen. Die ursprüngliche Verarbeitung von Heilpflanzen zu Urtinkturen wurde von Samuel Hahnemann, dem Begründer der Homöopathie, vorgegeben. Er hatte die Pflanzen von Hand geschnitten, im Mörser gestampft und verrieben, den Saft ausgepresst und mit Weingeist stabilisiert. Zu seiner Zeit hatte man keine andere Möglichkeit zum Zerkleinern der Pflanzen und Aufschließen der Zellen. Mit dem Aufkommen von Technologien zur Produktionsbeschleunigung wurde – wie bei der Herstellung von Lebens- und Genussmitteln – das traditionelle Handwerk mehr und mehr aufgegeben. So wurde zuerst das mühsame Mörsern durch den Fleischwolf ersetzt. Später wurde das Schneiden von Hand abgelöst durch schnell laufende Schneidemaschinen wie Cutter und Häcksler. Diese Maschinen führen zu einer derart intensiven Bearbeitung und Quetschung der Pflanzen, dass schon seit vielen Jahrzehnten auf den Fleischwolf verzichtet werden kann.

Schneiden der Pflanzen von Hand

Im Gegensatz zu der Verarbeitung von Lebensmitteln, bei denen es analoge Entwicklungen gab, hat sich bei den Urtinkturen kein traditionelles Handwerk für Qualitätsprodukte erhalten. Bei den Lebens- und Genussmitteln sorgte der Genussaspekt für die Bewahrung von gutem Traditionshandwerk. Die Menschen wollen nicht auf guten Wein, guten Tee, gutes Brot, guten Honig usw. verzichten. Deshalb hat sich das Wissen über deren Herstellung erhalten. Bei den pflanzlichen Heilmitteln geht es jedoch nicht um den Genuss, sondern um die Heilwirkung. Mit der Entdeckung der pflanzlichen Wirkstoffe vergaß man, dass es auch unstoffliche Wirkprinzipien gibt. Man glaubte, die innere Qualität habe keine Bedeutung für die Heilwirkung. Deshalb gab es viele Jahrzehnte lang keine Herstellfirma, die bestrebt war, Urtinkturen von hoher innerer Qualität, das heißt mit einwandfreiem Geruch und Geschmack, zu produzieren und zu verkaufen. (Es gab zwar einzelne Firmen, die kleine Mengen hochwertiger Urtinkturen herstellten, die aber ausschließlich für die Produktion von homöopathischen Dilutionen verwendet werden.) Das Augenmerk lag vor allem auf den Wirkstoffen. Man verarbeitete die Pflanzen mit schnell laufenden Maschinen und ahnte nicht einmal, dass dies ein Problem sein könnte. Ein guter Beobachter hätte jedoch feststellen können, dass in dem Maße, wie die Maschinen vergrößert wurden, das heißt in dem Maße, wie die Produktion zur Einsparung von Zeit und Geld beschleunigt wurde, die Urtinkturen in ihrer Wirksamkeit nachließen. Als Kompensation für die Abschwächung der Wirksamkeit mussten die Urtinkturen immer höher dosiert werden. Von den ursprünglich 3×5 Tropfen stieg die Dosierung allmählich bis zu den heute üblichen 3×20 bis 30 Tropfen. Diese Erfahrung – die leider nur wenige richtig zu interpretieren wussten – zeigt, dass die innere Qualität, die Wesenhaftigkeit, die in der Reinheit von Geruch und Geschmack zum Ausdruck kommt, *ein Wirkprinzip* ist. Sie ist nicht wie bei Lebens- und Genussmitteln ein Genussaspekt, da dieser bei Urtinkturen nicht relevant ist, sondern sie wirkt unmittelbar. Nebenbei bemerkt ist Qualität bei Lebensmitteln – in Maßen genossen – nicht nur ein Genuss, sondern auch Nahrung für die Seele (siehe »Bedeutung von innerer Qualität für den Menschen«, Seite 13). Fehlt die innere Qualität, kann das Wesen der Pflanze nicht mehr durch die Urtinktur sprechen, dann sind äußerst wichtige Heilfaktoren verloren gegangen, so dass der Verlust durch Erhöhung der Wirkstoffe wieder ausgeglichen werden muss. Es findet also eine Verlagerung von den lebensenergetischen zu den materiellen Wirkprinzipien statt. Dass durch die materielle Kompensation des Wesensverlustes die therapeutische Qualität des Mittels nicht wiederhergestellt werden kann, versteht sich von selbst. Mit therapeutischer Qualität ist nicht nur die körperliche, sondern auch die seelische Wirkung eines Mittels gemeint.

Die wesensgemäße Herstellung von pflanzlichen Urtinkturen musste für unsere Zeit wieder neu entdeckt werden. Die Grundprinzipien waren bekannt: Schneiden von Hand und Mörsern. Aber es musste wieder neu entdeckt werden, dass diese Prozesse wirklich zu einer wesentlich besseren Qualität und damit zu einer besseren Wirksamkeit führen.

In den bisherigen Ausführungen wurden verschiedentlich die Nachteile der Technik für die innere Qualität erwähnt. Damit ist aber nichts Negatives über Technik an sich, sondern nur über Beschleunigungstechnologien gesagt. Der Faktor Zeit ist die elementare Bedingung für die Entstehung von innerer Qualität. Wenn die Technik eingesetzt wird, um mehr

Mörsermühle

Zeit und Geld zu gewinnen, führt sie bei lebendigen Produkten zu einem wesentlichen Qualitätsverlust. Technik kann aber auch positiv, zur Steigerung der Qualität eingesetzt werden. Bestes Beispiel dafür ist die Conche. Rodolphe Linth entdeckte 1879, dass durch tagelanges langsames Walzen der Kakaomasse in einem wannenartigen Behälter, das sogenannte Conchieren, eine Verbesserung des Aromas erreicht wird, die alles Bisherige in den Schatten stellte. Diese Entdeckung begründete den Weltruhm der Schweizer Schokolade.

Beim Betrachten der historischen Conchier-Maschine anlässlich eines Besuchs in der Schokoladefabrik Linth & Sprüngli kam mir seinerzeit die zündende Idee für die Heilpflanzenverarbeitung. So wurde eine Mörsermühle entwickelt, in der die Pflanzen noch schonender als von Hand verrieben werden konnten. Im Handmörser sind die Pflanzen der Luft ausgesetzt und können oxidieren. Die neue Mörsermühle vermahlt die Pflanzen im Schutz des zugefügten Alkohols. Nachdem die ersten Urtinkturen mit der Mörsermühle hergestellt worden waren, stellte man fest, dass mit ihnen wieder die ursprünglich tiefe Dosierung wie zu Zeiten Hahnemanns völlig ausreichend war. (In den Anfangszeiten nach Entdeckung des zentralen hömöopathischen Prinzips, der Simile-Regel, hat Hahnemann mit Urtinkturen gearbeitet.)

Für die Herstellung von Urtinkturen mit einer hohen inneren Qualität gelten zusammengefasst folgende wichtige Kriterien (dabei werden sämtliche Qualitätskriterien von Wissenschaft und Arzneimittelbehörden bezüglich Rohstoffe, Hygiene, Produktionsräume und Dokumentation als Selbstverständlichkeit vorausgesetzt):

1. hochwertige Qualität der Rohstoffe (wenn möglich biologisch-dynamischer Anbau)
2. keine Beschleunigungstechnologien (keine schnell laufenden Schneidemaschinen, Rührwerke, Pumpen, Zentrifugen usw.)
3. Mörsern der Pflanzen möglichst in einem geschlossenen System
4. Lagerung der fertigen Urtinkturen zur Reifung

Bei all diesen äußerlichen Kriterien darf nicht vergessen werden, dass die Liebe und Sorgfalt bei jedem Arbeitsschritt im Mittelpunkt stehen müssen. Dies ist

Reifung von Urtinkturen

vielleicht das wichtigste Qualitätskriterium, denn die Liebe zur Arbeit mit Pflanzen verleiht uns ein inneres Gespür für die Art und Weise, wie die Pflanze verarbeitet werden muss. Sie ist die Basis für die Kommunikation mit den Heilpflanzen und für die Erkenntnis ihres Wesens.

Anwendung von wesenhaften Urtinkturen

Unterschiedliche Qualitäten auf dem Markt

Die in den nachfolgenden Pflanzenbeschreibungen angegebenen Dosierungen gelten für Urtinkturen mit einer hohen inneren Qualität, die nach den vier oben dargelegten Kriterien hergestellt sind. Sie werden im Folgenden als *wesenhafte Urtinkturen* bezeichnet. Bei der Anwendung von handelsüblichen Urtinkturen müssen die Dosierungen mit dem Faktor 7 bis 10 multipliziert werden.

Der Apotheker oder Drogist ist darüber informiert, welche Firmen nach den erwähnten Kriterien arbeiten.

In den nachfolgenden Monografien sind auch einige Kombinationsmittel und Dilutionen enthalten. Es handelt sich dabei um Mischungen von Urtinkturen und Dilutionen, mit denen die Autoren gute Erfahrungen gemacht haben.

Anwendung gemäß phytotherapeutischen Indikationen

Die wesenhaften Urtinkturen können wie andere pflanzliche Arzneimittel bei den für die jeweiligen Pflanzen gültigen Indikationen eingesetzt werden. Eine stichwortartige Aufzählung der Indikationen findet sich in den Pflanzenbeschreibungen im Abschnitt »Anwendungsgebiete«.

Wesensgerechte Anwendung

Eine wesensgerechte Anwendung besteht nicht in jedem Fall darin, die seelischen Aspekte zu berücksichtigen. Viel wichtiger ist, dass durch das Studium der Wesensbeschreibung eine Beziehung zur Pflanze aufgenommen wird. Diese Beziehung schafft eine Verbindung, über die die heilenden Kräfte der Pflanze besser wirken können. Das Heilmittel wirkt dann nicht nur auf der körperlichen Ebene, sondern es führt auch zu einer Durchwärmung des Bewusstseins.

Wie muss man sich die psychische Wirkung der wesenhaften Urtinkturen vorstellen?

In den wesenhaften Urtinkturen kommt das Pflanzenwesen zum Ausdruck, was zu einer Wirkung auf der psychischen Ebene führen kann. Diese Wirkung ist aber niemals zwingend wie etwa bei den giftigen Arzneipflanzen. Das Pflanzenwesen von ungiftigen Pflanzen – ausschließlich solche werden zur Herstellung von wesenhaften Urtinkturen verwendet – ist immer sanft und schränkt den seelischen Freiraum nicht ein. Im Gegenteil. Die psychische Wirkung ist nicht gleich wie eine körperliche Wirkung zu verstehen. Körperliche Symptome können durch eine Urtinktur gelindert oder beseitigt werden, seelische Symptome nicht. Die Ursachen von Krankheiten liegen auf der psychischen Ebene, da jede Krankheit entweder eine individuelle oder eine kollektive seelisch-geistige Ursache hat. *Eine seelische Krankheitsursache kann nicht mit einer Arznei beseitigt werden, sie wird höchstens verlagert.* Psychische Konstitutionen oder eingefahrene Denk- und Gefühlsmuster, die krankmachend sind, können nur von innen her aufgelöst werden. Erstens müssen diese Ursachen (oft durch Leid und Schmerz) bewusst gemacht werden, und zweitens muss eine innere Bereitschaft zur Veränderung vorhanden sein. Das Wichtigste, was eine wesenhafte pflanzliche Arznei auszurichten vermag, ist die Unterstützung des Bewusstwerdungsprozesses und die Vermittlung von Trost, von seelischer Kraft. Durch die unterstützenden Wesenskräfte der Heilpflanze kann der innere Freiraum für eine gewisse Zeit vergrößert werden, wodurch sich ein neuer Heilungsimpuls ergeben kann.

Wirkliche Heilung setzt immer die zur Einsicht führende Arbeit an sich selbst voraus. Eine wesenhafte Urtinktur kann insofern zu diesem Bewusstwerdungsprozess beitragen, als sie die Wahrnehmungsfähigkeit für die der Krankheit zugrundeliegende psychische Problematik schärft. Im Übrigen hat sich gezeigt, dass wesenhafte Pflanzenpräparate durch ihren Reichtum an Lebenskraft auch die Intuition und das Vertrauen in die innereigenen Heilungskräfte unterstützen und fördern.

Drei Möglichkeiten zur Anwendung von wesenhaften Urtinkturen

Es ergeben sich somit drei Anwendungsmöglichkeiten für wesenhafte Urtinkturen:

1. Anwendung ausschließlich gemäß den bekannten körperlichen Indikationen
2. Anwendung gemäß den körperlichen Indikationen und dem Wesen der Pflanze
3. Anwendung ausschließlich gemäß dem Wesen der Pflanze

Die erste Anwendungsmöglichkeit ist die einfachste und häufigste. Es wird nach einer Heilpflanze gesucht, die die bestehenden körperlichen Symptome zu lindern vermag, ohne dass dabei das Wesen der Pflanze berücksichtigt wird. Dies ist sehr einfach und funktioniert in den meisten Fällen.

Bei der zweiten Anwendungsmöglichkeit wird zusätzlich das Wesen der Pflanze berücksichtigt. Dies ist vor allem dann angebracht, wenn es für die gleiche Indikation mehrere wesenhafte Urtinkturen gibt. Beispielsweise werden in den nachfolgenden Pflanzenbeschreibungen mehrere Mittel zur Unterstützung der Nierenfunktion aufgeführt: Welches ist das Mittel der Wahl? Hierbei kann die Kenntnis des Wesens der Pflanze weiterhelfen. Man wählt diejenige Pflanze, zu deren Wesen eine innere Beziehung besteht. Wichtig ist dabei zu bemerken, dass bei seelischen Angelegenheiten immer mit der Polarität gerechnet werden muss. Das heißt, eine Beziehung besteht nicht nur dann, wenn das Wesen einer Pflanze mit dem eigenen seelischen Zustand übereinstimmt, sondern auch dann, wenn man das intensive Gefühl hat, damit überhaupt nichts zu tun zu haben. Sowohl Anziehung

als auch Abstoßung zeigen an, dass das Wesen der Pflanze eine Entsprechung in uns hat.
Die dritte Anwendungsmöglichkeit sollte selten benützt werden. Wesenhafte Urtinkturen unterscheiden sich deutlich von Bachblüten, die vor allem bei seelischen Indikationen angewendet werden. Wesenhafte Urtinkturen sind Arzneimittel im eigentlichen Sinn und haben einen starken körperlichen Bezug. Sie sollten daher nicht ohne eine solche körperliche Indikation angewandt werden. Ausnahmen sind bei ausgeprägter Intuition des Therapeuten möglich.
Es versteht sich von selbst, dass die Wirksamkeit einer wesenhaften Urtinktur bei der zweiten Anwendungsmöglichkeit am stärksten ist, in jenen Fällen also, in denen das Wesen und die Indikationen der Pflanze mit der psychischen Situation und den körperlichen Symptomen des Patienten übereinstimmen.

Dosierung

Die Bedeutung der richtigen Dosierung von wesenhaften Urtinkturen kann nicht hoch genug eingeschätzt werden. Wichtig ist, den Patienten bezüglich seiner Reaktionsfähigkeit gut einzuschätzen. Ist diese bekannt, kann entsprechend mit einer angemessenen Dosierung therapiert werden.
Die durchschnittliche Dosierung lautet: 3-mal 3 Tropfen täglich.
Die Tropfen werden am besten in etwas Wasser eingenommen und gut eingespeichelt.
Sie sollen etwa eine halbe Stunde vor oder eine Stunde nach dem Essen eingenommen werden.
Werden mehrere Produkte eingenommen, soll dazwischen ein Abstand von 15 Minuten eingehalten werden.
Ist die Reaktionsfähigkeit des Patienten gegenüber pflanzlichen Heilmitteln nicht bekannt, empfiehlt es sich, die Tropfen »einzuschleichen«. Dazu gibt man zuerst 3-mal 1 bis 2 Tropfen täglich und steigert – falls die erwünschte Wirkung noch nicht eingetreten ist – die Tropfenzahl jeweils nach einer Woche um einen Tropfen. In der dritten Woche ist man dann bei 3-mal 3 bis 4 Tropfen angelangt. Es ist auch möglich, die gesamte Tropfenzahl auf zwei Gaben pro Tag zu verteilen.
Kinder reagieren im Allgemeinen sehr gut und schnell auf die Gabe von pflanzlichen Arzneimitteln. Die Erfahrung zeigt, dass Kinder zwischen zwei und zehn Jahren oft mit täglich 3-mal 1 Tropfen auskommen.
Auch bei *Säuglingen* können wesenhafte Urtinkturen erfolgreich eingesetzt werden. Gute Erfahrungen werden mit Echinacea, Thymus, Plantago und Hedera helix bei Erkältungskrankheiten, Infektanfälligkeit, Husten und Pseudokrupp gemacht. Auch Tropaeolum ist wegen seiner leicht antibiotisch wirkenden Heilkraft bei allen entzündlichen Prozessen wirksam und ergibt gute Resultate bei Bronchitis und Darmgrippe. Schlafstörungen und Unruhezustände werden mit Lavendel und Passiflora besser, Zahnungsbeschwerden werden mit Chamomilla gelindert.

Dauer der Einnahme

Bei akuten Störungen wie Husten, Halsschmerzen usw. soll die Tinktur eingenommen werden, bis die Symptome verschwinden.
Produkte zur Verbesserung der Durchblutung oder der Herztätigkeit, also Aesculus, Crataegus, Ginkgo oder auch Hypericum, sollen nicht länger als drei Monate täglich verabreicht werden. Man bedenke immer, dass Heilpflanzen die Selbstheilungskräfte, also den inneren Arzt aktivieren. Legt man nach drei Monaten eine Pause von rund drei Wochen ein, ist es möglich, in dieser Zeit zu beobachten, wie der Kör-

per reagiert oder wie und ob er sich verändert hat. Anschließend kann die Einnahme fortgesetzt werden. Bei Produkten, die sich durch ein intensives Aroma auszeichnen, soll man gut beobachten, ob einem dieses Aroma angenehm ist oder ob es einem widersteht. Widersteht es einem, soll ein Produkt gesucht werden, das in dieselbe Richtung wirkt, aber besser »auf der Zunge liegt«. Beispiel: Aesculus und Melilotus. Eine Ausnahme bilden Bitterpräparate wie Absinthium, Centaurium oder Gentiana, bei denen durch die Bitterkeit etwas überwunden wird.

Bei alten Menschen ist es oftmals nicht mehr möglich, den Körper nachhaltig anzuregen. Hier ist dann eine jahrelange Einnahme z. B. von Ginkgo angezeigt. Schlaffördernde Präparate sollten bei alten Menschen häufig gewechselt werden, um einer Gewöhnung vorzubeugen. Also zum Beispiel: erster Tag Lupulus, zweiter Tag Valeriana, dritter Tag Lavandula.

Erstverschlimmerungen und Überreaktionen

Homöopathische oder pflanzliche Arzneimittel können generell zu Erstverschlimmerungen führen. Das heißt, die bestehenden Symptome können vorübergehend verstärkt werden, oder es treten neue auf. Dies ist eine Begleiterscheinung der Anregung der Selbstheilungskräfte.

Stellt sich eine Erstverschlimmerung oder Überreaktion ein, soll das Produkt sofort abgesetzt werden. Nach einer Pause von drei bis vier Tagen kann die Therapie mit einer tieferen Dosis wieder aufgenommen werden.

Erstverschlimmerungen können gemildert oder verhindert werden, indem die Präparate »eingeschlichen« werden. Zeigt sich trotzdem eine Verschlechterung, ist von einer Überreaktion auszugehen. Dann kann man folgendermaßen vorgehen: Man nimmt ein verschließbares Glas, füllt es mit Wasser und gibt einen Tropfen des Präparats hinein. Danach wird das Glas verschlossen und leicht geschwenkt. Daraus entnehme man dreimal täglich einen Löffel voll (keinen Metalllöffel verwenden), speichle es gut ein und leere den Rest weg. Dieser Vorgang wird täglich wiederholt. Auch bei Neugeborenen und sehr kleinen Kindern empfiehlt sich die Dosierung auf diese Weise.

Nebenwirkungen

Nebenwirkungen sind bei der Einnahme von wesenhaften Urtinkturen nicht bekannt. (Ausnahmen sind bei den Pflanzenbeschreibungen erwähnt.)

Schwangerschaft

Die wesenhaften Urtinkturen können in der angegebenen tiefen Dosis während der ganzen Schwangerschaft eingenommen werden. (Ausnahmen sind bei den Pflanzenbeschreibungen erwähnt.) Da viele Frauen in der Schwangerschaft empfindlicher und durchläßiger reagieren, ist das »Einschleichen« der Produkte (siehe oben) von größerer Bedeutung.

Alkohol

Die tiefe Dosierung der wesenhaften Urtinkturen hat den Vorteil, dass damit sehr wenig Alkohol eingenommen wird. Die Alkoholmenge pro Dosis ist kleiner als jene, die zum Beispiel mit einem Schluck Traubensaft eingenommen wird.

Was tun, wenn keine Reaktion auftritt?

Dies ist auch dann möglich, wenn das Mittel richtig gewählt oder rein phytotherapeutisch eingesetzt wurde. Vielen Menschen fehlt die Reaktionsfähigkeit. Indem Leber oder/und Niere angeregt, das heißt während einigen Wochen entgiftet werden, kann das »Terrain« gereinigt und vorbereitet werden. Danach kann nochmals mit dem gewünschten Präparat eine Therapie begonnen werden. Beispiel: Taraxacum oder Carduus marianus 3-mal 3 Tropfen während drei Wochen einnehmen. Danach wird Hypericum einschleichend verabreicht.

Länger zurückliegende Schockerlebnisse sind oft eine Ursache für eine Reaktionsstarre. Sie können mit Geranium robertianum behandelt werden. Geranium robertianum kann auch als Reaktionsmittel eingesetzt oder »dazwischengeschaltet« werden. Auch Glechoma hederacea kann zur Vorbereitung des Körpers für die eigentliche Therapie oder bei mangelnder Reaktion eingesetzt werden.

Interaktion mit anderen Mitteln

Sie sind bei der Einnahme von wesenhaften Urtinkturen in tiefer Dosis in der Regel nicht zu befürchten. Wesenhafte Urtinkturen können auch gemeinsam mit anderen natürlichen oder chemischen Medikamenten eingenommen werden und verlieren ihre Wirksamkeit dadurch nicht. Ausnahme: Während einer Therapie mit Hochpotenzen (klassische Homöopathie) sollen keine Urtinkturen eingenommen werden.

Wichtig: Vor einer Operation sollen generell keine pflanzlichen Arzneimittel (außer homöopathischen Dilutionen) eingenommen werden, da dadurch die Wirkung der Narkosemittel beeinträchtigt werden könnte.

Absinthium Ø

Wermut-Urtinktur

Wermut
Artemisia absinthium
frisches blühendes Kraut

Wesen der Pflanze

Anteilnahme, Präsenz, Wachheit, energetische Durchdringung der Stoffwechselfunktionen

Die Bitterkeit und das Aroma von Wermut sind so ausgeprägt und durchdringend, dass diese Pflanze zum Symbol für die bitteren Aspekte des Lebens geworden ist. Niemand, der eine Zubereitung aus Wermut einnimmt, bleibt teilnahmslos; sie drängt zu Wachheit und Präsenz. Der bittere Geschmack und das herbe Aroma mit ihrem stark zusammenziehenden, nach innen gerichteten Charakter führen zu einer polar entgegengesetzten psychischen Reaktion. Wer im Einflussbereich des Wermutwesens steht, tritt nach außen und nimmt mit aktivem Interesse am Leben, am Mitmenschen und an der Welt teil. Wermut weckt das Interesse am Leben und an der Aktivität und fördert die Belebung der Stoffwechselfunktionen. Menschen, denen es an Interesse mangelt, die manchmal teilnahmslos sind, vermögen die Stoffwechselfunktionen energetisch zu wenig zu durchdringen

und werden atonisch. Ihre Verdauungsorgane werden geschwächt, wodurch allgemeine Erschöpfungszustände bis hin zu Depressionen auftreten können. In solchen Situationen ist Wermut ein starkes Energetikum für Psyche und Körper. Durch die Erwärmung und Tonisierung des erschlafften Magens fördert er die Verdauungsfunktionen.

Wer zu Tagträumen neigt, wird durch Wermut zurück in die Wirklichkeit geholt. Tagträume zeigen eine Fluchttendenz auf. Durch eine regelmäßige Einnahme von Absinthium Ø wird es möglich, die Lebensaufgabe mit Willenskraft zu durchdringen und den Lebensfaden fest in die Hand zu nehmen.

Anwendungsgebiete

Atonische Zustände des Magens und der Gallenwege, Appetitlosigkeit und Verdauungsbeschwerden, mangelnder Gallenfluss, Aerophagie (Luftschlucken, Gefühl eines Luftkissens im Magen), Tonisierung bei psychovegetativen Schwächezuständen und Depressionen, Parasitenbefall

Gegenanzeigen

Schwangerschaft

Inhaltsstoffe

Bitterstoffe (Absinthin), ätherisches Öl (Thujon)

Wirkungen

Appetitanregend und sekretionsfördernd

Dosierung

1–3-mal täglich 1–3 Tropfen vor oder nach den Mahlzeiten einnehmen.

Wermuttinktur ist sehr bitter und muss daher in niedriger Dosis und in etwas Wasser eingenommen werden.

Aesculus Ø

Rosskastanien-Urtinktur

Rosskastanie

Aesculus hippocastanum
frische geschälte Samen

Wesen der Pflanze

Aufrichtekraft, Leichtigkeit, Selbstkontrolle, Sammlung, Ernst und Fröhlichkeit, Licht im Dunkel

Die Rosskastanie besitzt die Kraft, den Menschen aufzurichten; sie bringt Prozesse, die der inneren Führung entgleiten, sich dadurch in Belanglosem, Unwichtigem verlieren und selbständig machen, wieder unter Kontrolle. Unkontrollierte, kreisende Gedanken und ein Mangel an innerer Führung werden durch das Wesen der Rosskastanie positiv beeinflusst ebenso wie das Blut, das infolge venöser Insuffizienz nicht mehr ungehindert zum Herz zurückfließen kann. Eine Schwäche der inneren Führung kann sich in einer oberflächlichen Fröhlichkeit (einem Mangel an Ernst) oder in einer übertriebenen Ernsthaftigkeit äußern. Das Wesen der Rosskastanie fördert den angemessenen Wechsel und das richtige Maß von Ernst und Fröhlichkeit.

Der Aesculus-Typ ist ernst und tendenziell schwermütig. Er trägt Verantwortung mit großer Hingabe bis zur Verleugnung seiner eigenen Bedürfnisse. Es fehlt ihm die Leichtigkeit, er kann nicht spielerisch mit Situationen und Tatsachen umgehen und neigt zu Schuldgefühlen. Er empfindet ein starkes Bedürfnis nach Kontrolle; mit belastenden Ereignissen beschäftigt er sich tagelang, »kaut sie wieder« und kann sie nicht loslassen. Er lässt sich zuweilen von der Last der Verantwortung niederdrücken, es können Kreuzschmerzen entstehen. Durch den Einfluss der Rosskastanie können Körper und Psyche wieder aufgerichtet werden.

Die positive Energie der Rosskastanie wird symbolisiert durch das Kind, das noch spielerisch und mit Begeisterung jeder Situation mit Interesse und Neugierde begegnet. Es verbreitet ein sprühende, lichtvolle Freude. Mit derselben Leichtigkeit rollt die reife Frucht der Kastanie glänzend, rund und frisch aus der geplatzten Schale.

Anwendungsgebiete

Symptome chronisch venöser Insuffizienz (wie Ödeme), Wadenkrämpfe, Juckreiz sowie Schmerzen und Schweregefühl in den Beinen, Krampfadern, nach Thrombosen, »offene Beine«, Weichteilschwellungen nach Unfall oder Operation, Hämorrhoiden, Lenden-Kreuzbein-Schmerz (auch prämenstruell), rheumatische Beschwerden

Nebenwirkungen: Bei innerlicher Anwendung können in seltenen Fällen Schleimhautreizungen des Magen-Darm-Traktes auftreten.

Inhaltsstoffe

Saponine (Aescin)

Wirkungen

Antiexsudativ, ödemhemmend, venentonisierend

Dosierung

1–3-mal täglich 2–4 Tropfen nach dem Essen in etwas Wasser einnehmen.

Alchemilla Ø

Frauenmantel-Urtinktur

Gemeiner Frauenmantel
Alchemilla xanthochlora
frisches blühendes Kraut

Wesen der Pflanze

Umhüllung, Behütung, Hervorbringung

Welche andere Pflanze könnte die Wesensart des gebärenden weiblichen Schoßes, der Gebärmutter, besser verkörpern als der Frauenmantel? Im geborgenen Grund ihres mantelartig umhüllenden, nach oben empfangend geöffneten, weichen Blattes bringt die »Alchemistin« (Alchemilla!) unter den Pflanzen in rhythmischer Gebärde einen silbernen Tautropfen hervor. Alchemilla steht für die Bejahung der weiblichen Rhythmen und des Frauseins. Frauen, die ihre Identität zu sehr auf ihre Gebärfähigkeit abstützen, oder Frauen, die Schwierigkeiten haben, diesen Aspekt ihres Frauseins zu integrieren, verhilft der Frauenmantel zu einer gewissen Distanz. Der Frauenmantel wirkt kühlend, das bedeutet, dass er körperliche und seelische überschießende Wärmeprozesse ausgleicht. Auch seine gewebestärkende Wirkung ist bekannt. Auf der seelischen Ebene stärkt er den Mut zur echten Weiblichkeit: Eine zu starke oder zu schwache Betonung des Frauseins wird ausgeglichen.

Anwendungsgebiete

Menstruationsbeschwerden (Krämpfe), zu starke Blutungen, Weißfluss, Unterleibsentzündungen, Vor- und Nachbereitung bei Geburten, Durchfall, wirkt leicht stopfend

Inhaltsstoffe

Gerbstoffe

Dosierung

1–3-mal täglich 2–5 Tropfen einnehmen.

Allium ursinum Ø

Bärlauch-Urtinktur

Bärlauch
Allium ursinum
frisches Kraut vor der Blüte

Wesen der Pflanze

Expansionskraft, Dynamik, Macht, Einfachheit

Wenn der Bärlauch sich mit seinem intensiven Geruch im Frühling in den Wäldern ausbreitet, setzt er durch seine kraftvolle Gegenwart Siegeskräfte frei. Der Bärlauch ist ein äußerst machtvoller, durchdringender Frühlingsbote. Er besitzt eine ungeteilte Expansionskraft. Das Wesen dieser Pflanze symbolisiert einen Menschen, dessen Lebenskraft ganz in den Dienst der Ausbreitung und Machtentfaltung gestellt ist. Das Denken ist klar und einfach und primär auf das einmal gesetzte Ziel gerichtet. Was zur Erreichung dieses Ziels nützlich und praktisch ist, wird auch als richtig und wahr betrachtet. Obwohl der Wahrheit dabei manchmal Gewalt angetan wird und man einer komplexen Situation oft nicht gerecht wird, hat dies den Vorteil, dass die ganze Lebenskraft in eine fruchtbare Tatkraft umgesetzt werden kann und nicht durch ein zu stark differenzierendes Denken geschwächt wird. Das strukturierende Denken wird also der Lebenskraft untergeordnet. Es beschäftigt sich nicht mit der Frage nach dem, was an sich richtig ist, sondern mit dem, was nützlich und vorteilhaft ist.

Aus dieser Wesenskraft ergibt sich die große Heilkraft dieser Frühlingspflanze. Häufig dominieren beim modernen Menschen die strukturierenden Kräfte, und es kommt in der Folge davon zu sklerotischen Tendenzen im Gefäßsystem, zu Verhärtungen und Erstarrung von Gewebe und Gelenken. Der Bärlauch löst diese Tendenzen mit seiner durchdringenden Frühlingslebenskraft. Er versorgt die Blutzirkulation mit neuer Energie, regt die Willenskraft und den Tatendrang an.

Bärlauch überwindet die durch Winter und Kälte symbolisierten Stauungs- und Verhärtungstendenzen in Körper und Seele.

Anwendungsgebiete

Bärlauch ist ein mächtiger »Blutreiniger« und ein Nierenheilmittel.

Bluthochdruck, Vorbeugung von Arteriosklerose, gefäßbedingter Kopfschmerz, Anregung der Ausscheidung über die Nieren (z. B. im Rahmen einer Ausleitungstherapie von Schwermetallbelastungen), chronische Darmerkrankungen

Inhaltsstoffe

Vinyldisulfid, Flavonoide

Dosierung

1–3-mal täglich 2–5 Tropfen einnehmen.

Avena sativa Ø

Haferkraut-Urtinktur

Hafer

Avena sativa
frisches blühendes Kraut

Wesen der Pflanze

Belastbarkeit, Auffangen von Erschütterungen, Stabilisierung von Rhythmen

Es ist das Wesen des Hafers, die Energie von Einflüssen, die uns aus dem Rhythmus bringen können, zu absorbieren. Diese liegen dann vor, wenn wir uns bedrängt oder gejagt fühlen, sei es durch schwer zu bewältigende Aufgaben, Arbeiten unter Zeitdruck, Bedrängnis oder Erschütterungen. Hafer fängt Erschütterungen auf und fördert dadurch die Belastbarkeit. Er unterstützt die seelische Bewältigung von äußerem Druck wie auch von großer körperlicher Erschöpfung.

Unsere Zeit ist gekennzeichnet von schnell wechselnden Anforderungen, Anweisungen, Vorschriften und Arbeitsabläufen und nicht zuletzt von sich jagenden Bildern. Kaum ist etwas entstanden, wird bereits eine Umstrukturierung, eine »Verbesserung« angestrebt. Für viele Menschen ist dies die Realität ihres Arbeitsalltags. Bei nervösen Erschöpfungszuständen und beim Verlust des Rhythmus aufgrund der genannten Situationen oder nach zehrenden Krankheiten wirkt Hafer nervenstärkend und vermag den gestörten Schlaf-Wach-Rhythmus wieder einzupendeln.

Seelische Energie – die Voraussetzung für die Belastbarkeit in schwierigen Situationen – fließt uns nur dann zu, wenn verschiedene Tätigkeiten in einem bestimmten Rhythmus ausgeführt werden. Die Aufgaben müssen innerhalb einer angemessenen Zeit (nicht zu kurz und nicht zu lange) zu Ende geführt werden können. In dieser Hinsicht ist der Mensch in die natürlichen Rhythmen eingebunden. Steht der Rhythmus des menschlichen Alltags nicht mehr in Resonanz dazu, entsteht ein großer Energieverlust, eine Zerrissenheit, Stress. Der Mensch wird – bildlich gesprochen – durchs Leben gejagt. Feinfühlige Menschen reagieren in besonderem Maße auf diese Situationen.

Hafer vermag durch sein stabilisierendes Wesen einerseits die Belastbarkeit zu erhöhen und andererseits das Bewusstsein dafür zu schärfen, dass man sich oft selbst einer unnötigen Beunruhigung und Hektik ausliefert, indem man sich in den Strudel der vielfältigen Angebote ziehen lässt. Bei einer bewussten Wahl und allenfalls auch einem Verzicht kann sich im menschlichen Wesen wieder eine unerschütterliche Ruhe verankern. Dies bezieht sich auch auf eine eventuell vorliegende Suchtproblematik.

Anwendungsgebiete

Erschöpfungszustände und Schlafstörungen bei Überforderungen und nach Krankheiten, zur Unterstützung bei Suchtbehandlungen

Inhaltsstoffe

Vanillosid, Gramin, Mineralstoffe (Kieselsäure, Eisen, Mangan), Flavonoide

Dosierung

1–3-mal täglich 2–5 Tropfen oder 1-mal täglich vor dem Schlafengehen 3–7 Tropfen einnehmen.

Bellis perennis Ø

Gänseblümchen-Urtinktur

Gänseblümchen
Bellis perennis
frisches blühendes Kraut

Wesen der Pflanze

Unberührtheit, Unschuld, Unversehrtheit, Kindlichkeit

Das Wesen des Gänseblümchens ist auf die Bewahrung der kindlichen Unschuld und Reinheit gerichtet. Es versucht sich vor Befleckung durch schuldhafte Verstrickungen, wie sie zum Älterwerden gehören, zu behüten. Da dies letztlich unmöglich ist, scheut es sich vor der Welt der Erwachsenen. So scheu und verletzlich es auch ist, kann es dennoch große Kräfte freisetzen, um die Folgen von Übergriffen auf seine seelische und körperliche Unversehrtheit zu heilen.
Im anderen Namen dieser Pflanze, Maßliebchen, kommt zum Ausdruck, dass es in der Liebe Maß hält, das heißt, es dosiert die Leidenschaftlichkeit des Liebesverlangens, es dämpft die überschießende Potenz.
Das Gänseblümchen ist eine wunderbare Hilfe bei allen seelischen und körperlichen Verletzungen, die durch ungestüme Gewaltanwendung, vor allem auch durch sexuelle Aggression entstanden sind.

Anwendungsgebiete

Blutungen, Blutergüsse, Muskelzerrungen, Muskelschmerzen
Besonders angezeigt bei Verletzungen, die mit dem Gefühl einhergehen, Unrecht erlitten zu haben, egal, ob rein subjektive Wahrnehmung oder objektiv erlittene Gewaltanwendung. Auch dann, wenn man seinem eigenen Körper Unrecht angetan hat, indem man durch Forcierung oder Überanstrengung eine Muskelzerrung oder Verletzung verursacht hat.
Gänseblümchentinktur kann äußerlich und innerlich angewandt werden, Letzteres zur systemischen Unterstützung des Heilungsprozesses und zur Linderung der seelischen Folgen der Verletzung. Auch zur seelischen Unterstützung bei Folgen von sexuellen Übergriffen.

Inhaltsstoffe

Saponine, Gerbstoffe

Dosierung

1–3-mal täglich 2–5 Tropfen einnehmen oder 10–20 Tropfen in etwas Wasser äußerlich anwenden.

Betula Folium Ø

Birkenblätter-Urtinktur

Birke
Betula pendula
frische Blätter

Wesen der Pflanze

Qualität, Ästhetik, Polarität von Leben und Tod

Die Birke vereint in sich die Gegensätze von Leben und Tod. Sie trägt Zeichen jung strömenden Lebens ebenso wie solche des Abbaus und der Mineralisierung. Wie ist es der Birke möglich, eine solch große Spannweite zu umfassen? Sie wurde in den Mythen oft als anmutig tanzende Jungfrau mit goldenem Haar dargestellt (Betula bedeutet hebräisch junges Mädchen). In der geschmeidigen Bewegung der Zweige im Wind, im goldgelben Frühlings- und Herbstkleid und in der reinweißen Rinde können wir diesen Vergleich nachempfinden.

Tanz ist Rhythmus, Schwingung, Vibration. Anmutiger Tanz, ästhetische Gestalt, Ausstrahlung ist ein Bildnis von reiner Qualität, von Seelenkraft, die alle Gegensätze vereint. Es ist das seelische Prinzip, welches das Geistige mit der Materie verbindet, das Tote zum Leben erweckt und zwischen den größten Polaritäten vermittelt. Das Wesen der Birke ist Qualität. Unter dem Einfluss dieses Baumes empfindet die Seele Farben leuchtender, Töne klangvoller, Düfte aromatischer. In seinem Wirkungsbereich erscheinen Gestalten lebendiger, unsere Sinne werden befähigt, Ästhetik und Harmonie zu erschauen.

Birkenblättertinktur ist das angezeigte Mittel, wenn die Welt als matt und grau empfunden wird, wenn man von Kräften der Erstarrung und Kälte zu sehr umklammert wird. Lässt der jugendliche Schwung in den Gedanken und Gefühlen nach, geht die Freude an der körperlichen Bewegung verloren, dient die Birke als reich fließender Quell neuer Kräfte.

Die Birke erreicht aber auch den gegensätzlichen Menschentyp, der zu leichtfüßig, zu tänzerisch durchs Leben geht. Den Menschen, dem das Leben eine Bühne zur Selbstdarstellung ist, der tiefe Bindungen scheut, der wie ein Schmetterling nach der Süße des Lebens hascht und dessen herbe Seiten verdrängt. Durch sein unverbindliches Verhalten hat er keinen tiefen Anteil am gemeinschaftlichen Band der Freundschaft und des Interesses, das die Menschen verbindet.

Verbindung und Freundschaft wird im Organsystem von den Nieren repräsentiert. In der Aktivierung der Nierentätigkeit durch Betula erhalten solche Menschen die Möglichkeit, sich tiefer mit dem Leben und den Menschen zu verbinden.

Anwendungsgebiete

Ausleitung über die Nieren (bei allgemeiner Müdigkeit, Hautausschlägen usw.), unterstützende Behandlung rheumatischer Beschwerden, Anregung der Nierenfunktion bei entzündlichen Erkrankungen der ableitenden Harnwege und bei Nierengrieß

Inhaltsstoffe

Flavonoide, ätherisches Öl, Gerbstoffe

Wirkungen

Diuretisch

Dosierung

1–3-mal täglich 4–6 Tropfen pur oder in etwas Wasser einnehmen.

Bei der Behandlung von entzündlichen Erkrankungen der Harnwege soll eine reichliche Menge Flüssigkeit aufgenommen werden.

Bursa pastoris Ø

Hirtentäschel-Urtinktur

Hirtentäschel
Capsella bursa pastoris
frisches blühendes Kraut

Wesen der Pflanze

Bewahren, Einschränken, Umfassen der Lebenskraft

Hirtentäschel ist eine Pflanze von intensiv vibrierender innerer Lebendigkeit, die sie jedoch nach außen hin weder durch Farbe noch durch Ausstrahlung zum Ausdruck bringen kann. Es gehört zum Wesen des Hirtentäschels, seine Lebenskräfte zu umfassen und im Innern festzuhalten, um dadurch einen Verlust zu verhindern.

Das Wesen dieser Pflanze könnte man als das Gegenteil von charismatisch bezeichnen. Es ist konservativ, also bewahrend und fällt mit ihren Lebensäußerungen nie aus dem Rahmen.

Hirtentäschel ist eine Pflanze für Menschen, die sich oft zu stark verausgaben, indem sie aus ihrem persönlichen Rahmen fallen. Den dadurch hervorgerufenen Verlust an Lebensenergie kann man auch mit einer Blutung vergleichen. Bursa pastoris ist also eine Pflanze, die äußerst spezifisch gegen körperliche und seelische Arten des Blutverlustes wirksam ist.

Anwendungsgebiete

Starke und lang andauernde Menstruationsblutungen und außerzyklische Blutungen, zur lokalen Anwendung bei Nasenbluten, Schleimhautblutungen

Inhaltsstoffe

Flavonoide, Kaliumsalze

Wirkungen

Blutstillend

Dosierung

Innerlich: 1–3-mal täglich 2–5 Tropfen einnehmen.
Äußerlich: 5–10 Tropfen in etwas Wasser.

Calendula Ø

Ringelblumen-Urtinktur

Ringelblume
Calendula officinalis
frisches blühendes Kraut

Wesen der Pflanze

Balsam, Verschließen von Wunden

Wohl kaum eine andere Pflanze ist von ihrer Natur her so vorzüglich zum Wundheilkraut geeignet. Ihr balsamisches, warmes Wesen ist völlig auf das Verschließen von Verwundungen ausgerichtet. Wie mit Lichtfäden schließt die Pflanze das gestörte Energiefeld über der Wunde und versorgt es mit neuen Kräften, um eine rasche Heilung zu fördern.

Die geringelten Früchte der Ringelblume bedecken den Blütenboden von außen nach innen und verschließen die offene, »wunde« Stelle im Innern.

Fasst man eine Ringelblume mit den Händen, um sie zu pflücken, hinterlässt sie auf der Haut ein einzigartiges, klebriges Sekret. Ihre Fähigkeit, Wunden zu »verkleben« und zu verschließen, ist herausragend. Sie besitzt eine intensive innere Wärme und wirkt dadurch entzündungswidrig und desinfizierend. Sie enthält Sonnenkraft, bildet sie doch die dauerhaftesten Blüten im Kräutergarten und trotzt gar noch der Novemberkälte.

Calendula heilt Hautrisse, fördert die Wundheilung und wirkt mit ihrer tröstenden, balsamischen Kraft bis in seelische Prozesse.

Anwendungsgebiete

Hauteiterungen und schlecht heilende Wunden, Quetsch-, Riss- und Schürfwunden, Erfrierungen und Verbrennungen der Haut, Parodontose

Inhaltsstoffe

Flavonoide

Wirkungen

Antiphlogistisch

Dosierung

1–3-mal täglich 3–5 Tropfen einnehmen oder 1–3-mal täglich gurgeln mit 5–10 Tropfen in Wasser oder mehrmals täglich die Wunde mit 10 Tropfen, verdünnt in Wasser, betupfen.

Carduus marianus Ø

Mariendistel-Urtinktur

Mariendistel
Silybum marianum
getrocknete Samen

Wesen der Pflanze

Abgrenzung, Schutz, Individualität

Die Mariendistel fördert die Fähigkeit, sich gegenüber emotionaler und physischer Ausbeutung, gegenüber Angriffen und Manipulationen angemessen zu behaupten. Sie unterstützt die Wahrung der eigenen Persönlichkeit, indem sie die aktive Abgrenzung gegenüber schädigenden psychischen Einflüssen stärkt. Zu beachten ist, dass sich eine psychische Abwehrschwäche auf gegensätzliche Arten äußern kann, entweder in der Unfähigkeit zur Abgrenzung und zum Neinsagen oder aber in einer übersteigerten, aggressiven Abgrenzung. Eine solche Schwäche kann zu einer Störung der Entgiftungs- und Ausscheidungsfunktionen der Leber führen und damit Ursache von chronischen Krankheiten sein.

Anwendungsgebiete

Therapie und Prophylaxe von Leberschäden, die durch Lebergifte hervorgerufen wurden (Alkohol, Gewerbegifte, Umweltgifte), Ausleitung und Entgiftung im Rahmen einer homöopathischen Behandlung (z. B. bei Ekzemen), akute und chronische Hepatitiden, Leberzirrhose, Folgeerscheinungen einer Lebererkrankung wie Verdauungsbeschwerden, Durchfall oder harter Stuhl

Inhaltsstoffe

Silymarin (ein Wirkstoffkomplex aus verschiedenen Flavanolignanen mit den Hauptkomponenten Silybin, Silychristin und Silydianin), Flavonoide, fettes Öl

Wirkungen

Silymarin wirkt antagonistisch gegenüber zahlreichen Lebergiften. Seine therapeutische Wirksamkeit beruht auf zwei Wirkungsmechanismen: Zum einen verändert Silymarin die Struktur der äußeren Zellmembran der Leberzellen derart, dass Lebergifte nicht in das Zellinnere eindringen können. Zum anderen stimuliert Silymarin die Regenerationsfähigkeit der Leber und die Neubildung von Leberzellen.

Dosierung

1–3-mal täglich 2–5 Tropfen einnehmen.

Centaurium Ø

Urtinktur

Tausendgüldenkraut
Centaurium erythraea
frisches blühendes Kraut

Wesen der Pflanze

Idealität und Realität

Treffender könnte der wissenschaftliche Name des Tausendgüldenkrauts nicht sein. Das Wesen dieser hoch geschätzten Heilpflanze kommt im Zentaur – dem Doppelwesen zwischen Pferd und Mensch aus der griechischen Mythologie – wunderbar zum Ausdruck. Der Zentaur symbolisiert den Zwiespalt des menschlichen Daseins: Auf der einen Seite manifestiert sich eine Körpergestalt mit Instinkten und Bedürfnissen, die gleich derjenigen der Tiere allen Gesetzen der Schwerkraft unterworfen ist. Andererseits aber birgt der menschliche Körper – und dadurch erhebt sich der Mensch über das Tier – ein Seelenleben in sich, das sich im Streben nach Kultur, nach Schönheit und Harmonie, in der Sehnsucht nach höheren Werten ausdrückt. Es ist ein Wesen, das in sich selbst nicht eins ist, denn das aufwärts gerichtete Streben nach Licht und Reinheit und das schwer zu bändigende Naturwesen können nicht zusammenfinden. Sie können weder geeint werden, noch kann der eine Teil negiert, unterdrückt oder auf Dauer sublimiert werden, sie können nur nebeneinander, in gegenseitiger Respektierung bestehen.
Diese Gespaltenheit zwischen Idealität und Realität im menschlichen Wesen verursacht bei vielen Menschen einen großen Leidensdruck. Sie haben angesichts ihrer Idealvorstellungen Mühe, den Körper zu akzeptieren, dessen natürliche Ansprüche und Bedürfnisse erfüllt und befriedigt werden müssen und wollen. Es sind Menschen, die ihr Ideal auf den Körper projizieren und durch ihn dann Anerkennung und Liebe suchen – der heute so verbreitete Jugendlichkeits- und Schlankheitswahn ist ein Ausdruck davon. Dies führt bei manchen, oft jungen Menschen zu einem ständigen Pendeln der Gefühle zwischen »himmelhoch jauchzend« und »zu Tode betrübt«.
Centaurium ist aufgrund seiner Wesenskraft des Bejahens dieser Gespaltenheit hilfreich bei psychosomatischen Krankheitszuständen der Verdauungsorgane, die sich aus einem solchen Leidensdruck entwickeln können. Dazu gehört vor allem die Magersucht, in deren komplexer Therapie Centaurium das pflanzliche Mittel der Wahl ist.

Anwendungsgebiete

Appetitlosigkeit, Verdauungsbeschwerden, Magersucht, Bulimie

Inhaltsstoffe

Bitterstoffe (Swertiamarin, Centapikrin, Swerosid, Gentiopikrosid), Flavonoide

Wirkungen

Steigerung der Magensaftsekretion

Dosierung

1–3-mal täglich 2–5 Tropfen vor oder nach den Mahlzeiten einnehmen.

Chamomilla Ø

Kamillen-Urtinktur

Kamille
Matricaria recutita
frische blühende Pflanze

Wesen der Pflanze

Geborgenheit, Geduld, Sanftmut, Mütterlichkeit

Kamille vermittelt ein Gefühl mütterlicher Geborgenheit, indem sie eine übersteigerte innere oder äußere Sinnesempfindlichkeit dämpft und Krampfzustände durch milde Wärme löst.

Bei einer gesteigerten Sinnesempfindlichkeit erscheinen Mitmenschen, Situationen und Umwelt sowie der eigene Körper in einem grellen, übertriebenen Bild. Dann fühlt man sich angreifbar und ungeborgen, man ist sehr schmerzempfindlich, reizbar und reagiert bei geringstem Anlass ärgerlich und ungeduldig. In diesen Situationen vermittelt die Kamille eine ruhevolle Sanftheit und lindert entzündliche und krampfartige Prozesse.

Anwendungsgebiete

Entzündungen der Atmungsorgane, Zahnungsbeschwerden, Entzündungen und Krämpfe der Verdauungsorgane oder der weiblichen Geschlechtsorgane, heftige Schmerzzustände, reizbare Verstimmungszustände

Inhaltsstoffe

Ätherisches Öl (Ø-Bisabolol, Bisaboloxide, Chamazulen), Flavonoide (Apigenin, Luteolin, Quercitrin), Sesquiterpenlactone (Matricin)

Wirkungen

Antiphlogistisch, spasmolytisch, wundheilungsfördernd, antibakteriell und bakterientoxinhemmend, den Hautstoffwechsel anregend

Dosierung

1–3-mal täglich 2–5 Tropfen einnehmen oder 10 Tropfen in einem halben Glas lauwarmem Wasser zum Spülen oder Gurgeln.

Cichorium intybus Ø

Wegwarten-Urtinktur

Wegwarte
Cichorium intybus
frische Wurzel

Wesen der Pflanze

Die Kraft des Jetzt, Ja zur Gegenwart, Treue

Der Mensch geht einen Weg mit vielen Gabelungen, und an jeder Verzweigung muss er sich entscheiden. Geht er wirklich *seinen* Weg, bleibt er ihm treu, oder wird er durch fremde Einflüsse oder innere Zweifel irregeleitet? Ist er gefangen im Strom der Zeit? Hadert er mit Vergangenem, träumt er von Zukünftigem? Oder geht er mit der spielerischen Leichtigkeit des Augenblicks durchs Leben wie der Gaukler? An mittelalterlichen Höfen genoss der Gaukler Narrenfreiheit. Er hielt dem Regenten einen Spiegel vor, ohne moralisches Urteil, spielerisch, närrisch. Die Leichtigkeit des Jetzt enthält ein spielerisches, tief ernstes Moment und macht unangreifbar, weil sie in der Wahrheit steht.

Die Wegwarte stellt den Menschen mit beiden Beinen in das Jetzt des Augenblicks, weckt aus Träumereien und verbindet mit dem Augenblick, dem Hier und Jetzt. Die Signatur des Jetzt, des Heute zeigt ihm seinen Standort. Nicht durch die Vergangenheit, nicht durch die Zukunft, sondern durch das strahlende Heute, den Moment, in dem ich lebe, bin ich verbunden mit meinem ursprünglichen Auftrag.

Die Wegwarte öffnet mit ihrer himmelblauen Blüte jeden Tag von neuem ein Fenster, das den Menschen aus dem Zeitenstrom hinausführt in den Moment und damit in die Wirklichkeit des innersten eigenen Auftrags. Im bewussten Ergreifen des Augenblicks nimmt der Mensch wertfrei seinen momentanen Standort wahr. Er realisiert, dass er einem Plan gemäß geführt wird, dass seiner Existenz ein Gesetz zugrunde liegt. Dieses Gesetz heißt Treue sich selbst gegenüber, Treue zum eigenen Lebensplan, zum ursprünglichen Auftrag.

Anwendungsgebiete

Ausleitung und Entgiftung über die Leber, Anregung des Gallenflusses, Hepatitiden, funktionelle Oberbauchbeschwerden, Appetitlosigkeit, verdauungsbedingter Kopfschmerz, Milzbeschwerden

Inhaltsstoffe

Bitterstoffe

Wirkungen

Gallensekretionsfördernd, appetitanregend

Dosierung

1–3-mal täglich 2–5 Tropfen einnehmen.

Crataegus Ø

Weißdorn-Urtinktur

Weißdorn
Crataegus var.
frische Früchte

Wesen der Pflanze

Impuls durch Stauung und Auflösung

Das Wesen des Weißdorns manifestiert sich im Spannungsfeld zwischen gestauter Kraft und impulsiver Entladung. Durch Stauung und Entstauung entsteht ein Rhythmus wie der Herzschlag. In Analogie dazu erfahren wir auf der seelischen Ebene Stauungen und neue Impulse.

Der Weißdorn zeigt uns, dass viele Entwicklungen im Leben nicht geradlinig verlaufen; sie werden immer wieder behindert und nehmen einen anderen als den geplanten Weg. Die Entwicklung der Lebensumstände durchkreuzt die Lebenspläne. Es kommt zu Situationen, die keine kurzfristig ersichtlichen Resultate zeigen. Wenn wir die Stauung annehmen und uns der führenden Intelligenz überlassen, wird Wachstum an seelischer Qualität möglich. Die Verzögerungsmomente im Fluss des Lebens, die äußerlichen Stagnationen sind Voraussetzung für das Entstehen neuer Impulse, die unser Leben auf eine höhere Stufe führen.

Streben wir einen ungehinderten, mechanischen Ablauf des Lebensweges an und versuchen wir die Umwege und Stauungsfaktoren zu umgehen, können sich die nicht gelebten Stauungskräfte somatisieren. Ein Druck- und Beklemmungsgefühl in der Herzgegend kann die erste Stufe – noch im Grenzbereich zwischen Seele und Körper angesiedelt – auf dem Weg zu einer Herzkrankheit sein. Erst wenn wir den äußerlichen Stillstand nicht durch Willensanstrengung und forcierte Kurskorrekturen zu durchbrechen versuchen, können sich neue Impulse entwickeln. Wenn wir die Besinnung in der Stille, zu der uns der Stau führen will, annehmen und sogar suchen, entwickeln sich im Herzen Impulse, die uns zu einer höheren seelischen Qualität des Lebens führen. Dann öffnen wir uns für die weise Führung durch das Herz. Weißdorn vermittelt neue Lebensimpulse. Er lässt die Gefühle wieder fließen, schenkt Vertrauen und löst dadurch seelisch bedingte Beklemmungs- und Druckgefühle in der Herzgegend. Bei nachlassender Herzleistung ist Weißdorn ein bewährtes Langzeittherapeutikum.

Anwendungsgebiete

Druck und Beklemmungsgefühl in der Herzgegend, krampfartiger Schmerz in der Herzgegend bis in den linken Arm ausstrahlend, nachlassende Leistungsfähigkeit des Herzens, kreislaufbedingte Müdigkeitsanfälle oder Erschöpfungszustände, Herzschwäche, Altersherz, leichte Formen von bradykarden Herzrhythmusstörungen, Extrasystolen, Angina pectoris, Störungen des Blutdrucks, während oder nach Infektionskrankheiten zur Stützung des Kreislaufs, Asthma

Inhaltsstoffe

Flavonoide (Hyperosid, Vitexin-2"-rhamnosid), oligomere Procyanidine

Wirkungen

Fördert die Kraft, die Überleitungszeit und die Frequenz am Herzmuskel, Verstärkung der Koronar- und Myokarddurchblutung

Dosierung

1–3-mal täglich 3–5 Tropfen einnehmen.

Cynara scolymus Ø

Artischockenblätter-Urtinktur

Artischocke
Cynara scolymus
frische Blätter und Blüten

Wesen der Pflanze

Selbstbeschränkung und Ausschweifung

Das Wesen der Artischocke äußert sich in völlig gegensätzlichen Tendenzen. Einerseits bringt die Pflanze Üppigkeit und Fülle hervor, andererseits enthält sie ein Prinzip, das dieser Üppigkeit entgegenwirkt.
In der Artischocke kommt das Gleichgewicht zwischen Ausschweifung und Selbstbeschränkung zum Ausdruck. Das Wesen dieser Pflanze unterstützt den Menschen im Bestreben, einen Ausgleich zwischen Maßlosigkeit und Verzicht zu finden. In der Annäherung an dieses Gleichgewicht können die Gedanken etwas von ihrer Schwere und Erdgerichtetheit verlieren und auf Höheres gerichtet werden.

Durch ihre Bitterstoffe stärkt Cynara scolymus die Verdauungsvorgänge und stimuliert insbesondere die wirkungsvolle Umsetzung von Fetten.

Anwendungsgebiete

Störungen des Fettstoffwechsels, Arterioskleroseprophylaxe, Appetitlosigkeit, Verdauungsbeschwerden

Inhaltsstoffe

Cynarin, Cynaropicrin, ätherisches Öl, Gerbstoffe

Wirkungen

Lipidsenkend, verdauungsfördernd, Förderung von Gallefluss und Gallenbildung

Dosierung

2–3-mal täglich 3–5 Tropfen vor oder nach den Mahlzeiten in etwas Wasser einnehmen.

Echinacea purpurea Ø

Sonnenhut-Urtinktur

Sonnenhut

Echinacea purpurea
frisches blühendes Kraut

Wesen der Pflanze

Abschirmung, Eingrenzung, Schutzhaut

Es ist das Wesen von Echinacea, uns mit einer Schutzhaut, einem Schild zu beschirmen, an dem potenzielle Konfliktauslöser abprallen.

Infektionskrankheiten entstehen aus dem Zusammenspiel der drei Faktoren: Erreger, körperliche Abwehr (Immunsystem, Milieu) und psychische Abwehr. Da Erreger immer vorhanden sind, ohne dass es deshalb zu einer Infektion kommen muss, liegt der Schlüssel bei der Abwehr. Die Bedeutung des Immunsystems und des Milieus ist allgemein bekannt, doch die psychische Beeinflussung des Immunsystems ist nicht zu unterschätzen. Eine Abwehrschwäche wird oft durch eine Konfliktsituation ausgelöst. Dabei ist es wichtig, zwischen schwächenden und stärkenden Konflikten zu unterscheiden. Konflikte sind dann stärkend und müssen durchlebt werden, wenn sie zu einem Bewusstwerdungsprozess beitragen, wenn es zum Beispiel um die Abgrenzung gegenüber psychischer Ausbeutung geht. Sie sind aber schwächend, wenn ihnen ein nichtiger Anlass zugrunde liegt, wenn man sich ereifert, ärgert oder streitet über Dinge, die einen entweder nichts angehen oder die so unbedeutend sind, dass sie besser ignoriert würden. Oft entzünden sich Konflikte in Stresssituationen (Überlastung mit Arbeit und Problemen, Schlafmangel, nasskaltes Wetter). Dann kann der geringste Anlass zum Auslöser werden. Daher ist es notwendig, eine psychische Immunität gegenüber den vielen kleinen Unvollkommenheiten des Lebens zu entwickeln, sie zu ignorieren. Dabei unterstützt uns die Wesenskraft des Sonnenhuts. Echinacea umhüllt uns sozusagen mit einer Schutzhaut, die uns abschirmt und dasjenige zusammenhält, was sonst in die Trennung und damit in den Konflikt fallen würde.

Anwendungsgebiete

Stärkung der Abwehrkräfte bei Infektionskrankheiten (z. B. Erkältung, Grippe, Bronchitis, Harnwegsinfekte), Vorbeugung von Grippe- und Erkältungskrankheiten, äußerlich verdünnt anwendbar zur Förderung der Wundheilung

Nicht bei hohem Fieber anwenden!

Inhaltsstoffe

Phenolcarbonsäuren (Cichoriensäure), Isobutylamide

Wirkungen

Steigerung der Phagozytoseaktivität, granulationsfördernd

Dosierung

Zur Vorbeugung: 1–3-mal täglich während 4 Tagen 2–5 Tropfen einnehmen, dann 3 Tage Pause. Diesen Zyklus mehrmals wiederholen.

Bei Beginn einer Infektion: 3–5-mal täglich während höchstens 1–2 Tagen 3–8 Tropfen einnehmen. *Während einer Infektion:* 1–3-mal täglich 2–4 Tropfen einnehmen.

Equisetum arvense Ø

Schachtelhalm-Urtinktur

Ackerschachtelhalm
Equisetum arvense
frische sterile Triebe

Wesen der Pflanze

Gliederung, Strukturierung, Klarheit der Gedanken

Das Wesen des Schachtelhalms ist gekennzeichnet durch die Beschränkung auf das absolut Notwendige, auf das Gerüst, auf die Struktur. Die Pflanze zeigt keine Formen, die in die Fülle gehen. Sie ist sehr reich an strukturierenden Mineralstoffen, insbesondere an Kieselsäure in kristalliner Gestalt. Sie ist gewissermaßen Pflanze gewordenes Mineral.

Im Schachtelhalm sind diejenigen Kräfte verkörpert, die für eine klare Gliederung und Strukturierung des Denkens und der Formbildeprozesse erforderlich sind. Demzufolge ist der Schachtelhalm bei all jenen Zuständen angezeigt, in denen die Fähigkeit zur Struktur- oder Formbildung geschwächt ist. Dies äußert sich zum Beispiel in unklarem Denken oder in einem Mangel an Ordnungssinn und Organisationstalent. Der Mangel kann sich aber ebenso im Gegenteil äußern, in der Abhängigkeit von starren Strukturen, Normen und Ordnungen.

Hervorzuheben ist auch die stärkende Wirkung des Schachtelhalms auf das Bindegewebe und das Skelett (insbesondere die Wirbelsäule), also auf diejenigen Systeme, die unseren Körper strukturieren.

Anwendungsgebiete

Stauungsödem, verletzungsbedingtes Ödem, Durchspülung bei Harnwegsinfekten (auf reichliche Flüssigkeitszufuhr achten!), Nierengrieß, Bindegewebereinigung, Ausleitung und Entgiftung bei einer homöopathischen Therapie von chronischen Erkrankungen, Prophylaxe von Osteoporose, zur Unterstützung bei Skoliose

Inhaltsstoffe

Kieselsäure, Kaliumsalze, Flavonoide

Wirkungen

Diuretisch, antiödematisch, wundheilend

Dosierung

2–3-mal täglich 2–7 Tropfen in einem halben Glas Wasser einnehmen.

Zur Osteoporoseprophylaxe: Eine Teezubereitung (dem Tee können einige Tropfen Equisetum Ø zugesetzt werden) und die Urtinktur im Wechsel einnehmen.

Dauer der Anwendung: Bei Langzeitanwendung (Osteoporoseprophylaxe) intervallweise Einnahme: nach 4 Wochen Therapie 2–4 Wochen Pause.

Euphrasia Ø

Augentrost-Urtinktur

Augentrost
Euphrasia stricta
Euphrasia rostkoviana
frische blühende Pflanze

Wesen der Pflanze

Blick für das Naheliegende, Sinnfindung

Die Augen werden im Volksmund als Fenster der Seele bezeichnet. Tatsächlich könnte man das helle Leuchten einer Gruppe von Augentrost als Fenster zu einer anderen Welt, zum Innern der Erde bezeichnen. Der Augentrost gehört zu den Pflanzen, die ihre optische Wirkung vor allem in der Gruppierung, im Verbund vieler Einzelner erzielen. Von einer Gruppe Augentrost geht eine intensive Lebendigkeit, ein Leuchten aus. Das intensive Licht kann mit dem Feuer im Erdinnern, mit dem Herzen der Erde in Verbindung gebracht werden. Die Erde lebt, sie leuchtet und will wahrgenommen werden.

Oft bemerkt der Mensch nicht, wie weit er sich von seinem »Standort« entfernt hat, so sehr ist ihm das Weiterkommen vor Augen. Er pflegt seine Beziehung zur Natur, zum Planeten Erde nicht mehr bewusst, worunter bezeichnenderweise auch die Augen leiden. Die Sehkraft verschlechtert sich, es können Bindehautentzündungen entstehen, da die Augen auch am Bildschirm überanstrengt werden und Schaden nehmen. Augentrost wirkt erfolgreich bei Ermüdungserscheinungen der Augen oder Fremdkörpergefühl. Darüber hinaus besitzt er das Vermögen, eine neue, intensivere Sichtweise dem Leben gegenüber zu verleihen. Er öffnet die Augen für das hinter den Dingen liegende geistige Prinzip, für die Schönheit des Einfachen. Augentrost lenkt die Aufmerksamkeit auf das Naheliegende, das Leuchten vor unseren Füßen. Er vermittelt Frohsinn durch Einfachheit, durch die Kraft des Elementaren und verhilft zur Stärkung der inneren und äußeren Sehkraft.

Anwendungsgebiete

Lidentzündung, Konjunktivitis, Gerstenkorn, allgemein zur Behandlung von Ermüdungserscheinungen des Auges, bei funktionellen Sehstörungen muskulären und nervösen Ursprungs, Heuschnupfen, brennende, tränende Augen, Husten und Heiserkeit

Inhaltsstoffe

Iridoidglykoside (Aucubin), Flavonoide, Gerbstoffe

Dosierung

1–3-mal täglich 2–5 Tropfen einnehmen.
Zur äußerlichen Behandlung: 1 Tropfen Urtinktur in ein Augenbadgefäß (aus der Apotheke) geben und das Auge darin baden.

Fraxinus excelsior Ø

Eschenblätter-Urtinktur

Esche
Fraxinus excelsior
frische Blätter

Wesen der Pflanze

Spannkraft, Ausdauer, Duldsamkeit, Tragfähigkeit, Zielgerichtetheit

Der Menschentyp, den die Esche repräsentiert, ist mit einem zähen Durchhaltevermögen ausgerüstet. Hat er ein Ziel vor Augen, kann er eine fast grenzenlose Ausdauer und Geduld einsetzen, um dieses zu erreichen. Auch von Rückschlägen und Misserfolgen lässt er sich nicht beirren; misslingt ihm etwas, sieht er darin den Auftrag zu einer Optimierung, zu einem Neubeginn und nimmt seine Arbeit mit großem Elan sofort wieder auf. Dazu kann er sich abschotten und isolieren, bis das Ziel erreicht ist. Dies wird durch die schwarzen Knospen der Esche dargestellt. Mit ihrer dunklen Hülle schirmt sie das Innere vom Licht ab, um es zu bewahren, bis der Moment kommt, es ans Licht zu bringen.

Beim Bogenschießen verschmelzen Bogen, Pfeil (beides aus Eschenholz) und gespannte Sehne zu einer Einheit. Dieses Bild passt genau auf den beschriebenen Menschen, der alles zurücksetzt und sich anspannt zugunsten des anvisierten Ziels. Die Esche hat ein hohes Tragvermögen; sie stellt sich dabei aber nicht in den Mittelpunkt, sondern bleibt bescheiden. Sie ist der Prototyp des nicht auf schnellen Erfolg bedachten Wesens, dem das Ziel am wichtigsten ist.

Das Gegenteil dieses Verhaltens ist bei Menschen zu finden, die zu wenig Spannkraft, zu wenig Zielgerichtetheit aufbringen, um erfolgreich zu sein. Sie suchen die Schuld dafür bei äußeren Umständen oder bei anderen Menschen, grämen und ärgern sich darüber und lehnen sich dagegen auf. Es braucht nicht besonders betont zu werden, dass dieses Verhalten auf lange Sicht gesundheitliche Nachteile mit sich bringt. Ärger, Gram und der Kampf gegen vermeintliche Widerstände führen zu Fehlfunktionen im Körper. Chronische Entzündungsprozesse, rheumatische Beschwerden oder Polyarthritis können entstehen.

Die Esche führt durch die ihrem Wesen eigene Spannkraft, Tragfähigkeit und Beugsamkeit dem geschilderten Menschentyp die erforderlichen Seelenkräfte zu.

Anwendungsgebiete

Rheumatischer Formenkreis, chronische Polyarthritis, Weichteilrheumatismus

Inhaltsstoffe

Ätherisches Öl, Harz, Cumarine

Wirkungen

Diuretisch, leicht abführend

Dosierung

1–3-mal täglich 2–5 Tropfen einnehmen.

Gentiana Ø

Gelber-Enzian-Urtinktur

Gelber Enzian
Gentiana lutea
frische Wurzeln

Wesen der Pflanze

Überwindung, Verdauung, Zerteilung

Der Verdauungsprozess und die Verarbeitung von Gefühlseindrücken haben viele Gemeinsamkeiten. Bei beiden müssen die aufgenommenen wesensfremden Substanzen und Energien überwunden und verarbeitet, einverleibt werden. Können bewegende Ereignisse oder Bilder emotional nur schwer verdaut werden, so besteht meist auch eine organische Verdauungsschwäche. Oft liegen dann Gefühle oder eben Nahrungsmittel schwer auf dem Magen, und es entsteht ein starker Druck in der Magengegend.
Enzian besitzt die Wesenskraft, Fremdes zu überwinden und zu zerteilen, und unterstützt dadurch sowohl die körperliche als auch die seelische Verdauung. Enzian hilft insbesondere bei der Eiweißverdauung.

Anwendungsgebiete

Verdauungsbeschwerden wie Appetitlosigkeit, Völlegefühl, Blähungen, allgemeine Erschöpfungszustände, Kopfschmerzen

Gegenanzeigen

Magen- und Zwölffingerdarmgeschwüre

Inhaltsstoffe

Bitterstoffe (Amarogentin, Gentiopikrosid)

Wirkungen

Anregung der Sekretion von Magensaft und Galle

Dosierung

1–3-mal täglich 2–5 Tropfen einnehmen.

Geranium robertianum Ø

Storchenschnabel-Urtinktur

stinkender Storchenschnabel
Geranium robertianum
frisches blühendes Kraut

Wesen der Pflanze

Ziehen, Reinigen, Entgiften, Lösen von Schockzuständen, Lymphmittel

Der Storchenschnabel hat eine ziehende, reinigende und entgiftende Wirkung vor allem in Bezug auf Gifte, die unvermittelt und meist durch Fremdeinwirkung in den Körper gelangten, wie zum Beispiel Insektengifte.

Analoge »Vergiftungen« gibt es auch auf der seelischen Ebene durch das Erleiden seelischer oder körperlicher Gewaltanwendung oder infolge traumatisierender Erlebnisse wie eines unerwarteten schweren Verlusts. Sie können wie eine Art psychischen Gifts wirken, das eine seelische Lähmung, eine Apathie hervorruft. Bei solchen Zuständen greift Geranium wirkungsvoll ein. Bei akuten Schockzuständen ist mit Geranium Ø innerhalb kürzester Zeit eine Lösung möglich.

Auf der körperlichen Ebene besitzt Geranium robertianum eine spezifische, aktivierende Wirkung auf den Lymphfluss.

Steht ein Mensch durch ein traumatisches Erlebnis unter Schock, sind die feinstofflichen Körper gelockert, sie greifen nicht mehr konzentrisch ineinander. Dies ist die Ursache für den zeitweiligen, mehr oder weniger starken Gedächtnis- und/oder Bewusstseinsverlust. In diesem Zustand der Lockerung ist die Seele ungeschützt geöffnet, so dass fremde Kräfte einwirken können. Auch lange zurückliegende traumatische Erfahrungen können während Jahren eine Blockade auf der psychischen und körperlichen Ebene verursachen, so dass selbst gut gewählte Therapien nicht richtig greifen. Solche Zustände treten immer häufiger auf. Deshalb ist Geranium robertianum eine der bedeutendsten Heilpflanzen unserer Zeit. Ihr Wesen bewirkt die Zusammenführung der gelockerten feinstofflichen Körper (Astral- und Ätherkörper) mit dem grobstofflichen Körper; das Bewusstsein greift wieder aktiv ins Leben ein. Geranium entzieht Körper- und Seelengifte und ermöglicht durch diese Reinigung des Terrains einen Neubeginn.

Anwendungsgebiete

Notfallmittel erster Güte. Bei akuten Schockzuständen tritt eine Wirkung innerhalb von Sekunden auf.

Bei Therapieblockaden aufgrund unbewusster, verdrängter lange zurückliegender Schockzustände: Nach Therapieunterbruch und 14-tägiger Gabe von Geranium robertianum Ø greift das Hauptmittel wieder besser. Dieses Vorgehen kann mehrmals wiederholt werden.

Drüsenschwellungen, Aktivierung des Lymphflusses, Entgiftung über die Lymphe, Hautkrankheiten, Ekzeme, Insektenstiche, zur unterstützenden Behandlung bei Zeckenbissen, psychische Lähmungszustände, Melancholie und Traurigkeit infolge von Schrecken und Traumen

Einige Tropfen Geranium robertianum Ø in einer Schale Wasser reinigen die Atmosphäre.

Dosierung

1–3-mal täglich 2–5 Tropfen einnehmen.

Ginkgo Ø

Ginkgoblätter-Urtinktur

Ginkgo
Ginkgo biloba
frische Blätter

Wesen der Pflanze

Einheit von Bild und Spiegelbild, Gleichgewicht der Polaritäten

Alles in der Natur entsteht, wird bewegt und vergeht durch Kräfte, die aus dem Spannungsfeld zweier Pole hervorgehen. Dieses Polaritätsgesetz ist fundamental gültig und offensichtlich; wir finden es in den Gegensätzen von Tag und Nacht, Mann und Frau, Jugend und Alter usw. Trotzdem vergessen wir immer wieder, dieses Polaritätsgesetz in die Praxis unseres täglichen Lebens miteinzubeziehen. Meist wird die eine Seite einer Sache bevorzugt und festgehalten, die dazugehörige andere Seite aber abgelehnt oder bekämpft. Dadurch geht Dynamik und Lebenskraft verloren, denn diese kann ausschließlich im Spannungsfeld von Gegensätzen bestehen, die einander gleichberechtigt gegenüberstehen oder die sich in zeitlicher Folge ablösen.

In unserer Kultur wird das kausal-analytische Denken der linken Gehirnhälfte überbewertet und gefördert, wodurch das analog-synthetische Denken der rechten Hirnhemisphäre vernachlässigt wird und verkümmert. Dabei kann auf die Dauer ein Vitalitätsverlust des Gehirns und eine Degeneration seiner Funktionen als Ganzes nicht ausbleiben.

Ginkgo symbolisiert mit seinem zweilappigen Blatt, das in sich selbst die beiden Pole – Männlich und Weiblich – vereinigt, die Einheit und das Gleichgewicht der Polaritäten. Da im Gleichgewicht die Lebenskraft am stärksten ist, hat der Ginkgobaum eine sehr hohe Vitalität, was seine enorme, im Pflanzenreich unübertroffene Widerstands- und Regenerationskraft beweist. Diese Vitalität regeneriert die Leistungsfähigkeit des Gehirns, jenes Organs, das als einziges in unserem Körper beide Pole in sich birgt.

Anwendungsgebiete

Mangelnde Hirndurchblutung mit den Symptomen Konzentrations- und Gedächtnisschwäche, Ohrensausen, Schwindel, Kopfschmerzen, arterielle und periphere Durchblutungsstörungen infolge degenerativer Gefäßerkrankungen, Hyperaktivität bei Kindern

Inhaltsstoffe

Flavonole, Ginkgolide

Wirkungen

Erhöhung der Hypoxietoleranz, Verbesserung des Gehirnstoffwechsels, Verbesserung der Fließeigenschaften des Blutes durch Senkung der Viskosität sowie Hemmung der Thrombozyten- und Erythrozytenaggregation, Verhinderung der pathologischen Lipidperoxidation durch Inaktivierung toxischer Sauerstoffradikale, Zunahme der m-Cholinozeptoren

Dosierung

1–3-mal täglich 2–5 Tropfen einnehmen.

Glechoma hederacea Ø

Gundelreben-Urtinktur

Gundelrebe
Glechoma hederacea
frisches blühendes Kraut

Wesen der Pflanze

Loslassen und Erneuerung, Gelassenheit, lebenserweckende Wärme

Die Gundelrebe steht in einer wesenhaften Beziehung zu den helfenden Naturkräften und -wesen. Sie besitzt eine Resonanz mit diesen Wesen und wirkt dadurch als ihr Verstärker. Um einen Gundelrebenbestand spüren wir höchste Lebendigkeit.

Die Gundelrebe weckt das Vertrauen in die Selbstheilungskräfte, in den eigenen Arzt in unserem Innern. Sie öffnet die Augen für die Einsicht, dass wir nicht alles selbst tun müssen, dass – wenn wir uns dafür öffnen – die Hilfe schon da ist. Das Wesen der Gundelrebe greift nie forcierend ein. Es verkörpert Gelassenheit, Geduld, innere Ruhe und das Vertrauen auf die helfenden Naturkräfte. Die Gundelrebe stärkt den Menschen in seinem Glauben an das Wunderbare, an das Leben selbst.

Die unscheinbare, zwerghafte Gestalt der Gundelrebe trägt ein höchst lebendiges Licht- und Wärmewesen in sich, das die durch innere Kälte gestockten und erstarrten Prozesse wärmend zu durchdringen und neu zu beleben vermag.

Die Gundelrebe vermittelt das lösende Vermögen, Zustände, die – bewusst oder unbewusst – festgehalten wurden und dadurch nicht mehr im lebendigen Prozess der fortwährenden Veränderung stehen, zu erneuern. So können seit langem erstarrte Prozesse wiederum in den Lebensfluss aufgenommen werden. Gundelrebe beendet Winterstarre und Dunkelheit durch lösende Wärme- und Lichtkräfte und lässt so neue Lebensenergie durch die Adern fließen.

Anwendungsgebiete

Insbesondere angezeigt bei langwierigen, hartnäckigen und zehrenden Krankheitszuständen, wenn das Vertrauen in die inneren Heilungskräfte verloren gegangen ist, Erkrankungen der Atmungsorgane wie Schnupfen, Rachenentzündung, Bronchitis, Asthma, Nieren-Blasen-Beschwerden (Reizblase), zur Frühjahrskur, Stoffwechselerkrankungen

Inhaltsstoffe

Ätherisches Öl, Gerbstoffe, Bitterstoffe

Wirkungen

Antiphlogistisch, diuretisch, stoffwechselanregend

Dosierung

1–3-mal täglich 3–5 Tropfen einnehmen.

Hedera helix Ø

Efeublätter-Urtinktur

Efeu
Hedera helix
frische Blätter und Blüten

Wesen der Pflanze

Selbsterkenntnis, Überwindung von Angst, Anklammerung und Freiheit

Verbindung von Unterbewusstsein und Bewusstsein, Bewusstwerdung der Schatten, Aufbrechen von verhärteten Strukturen

Die Wahrnehmung der inneren Bilder, Kräfte und Eigenschaften, die aus der Tiefe des Unterbewussten ins Bewusstsein aufsteigen, hat eine Schlüsselfunktion in der Seelenentwicklung des Menschen. Diese im Dunkel der Seelentiefe verborgenen Bilder, die oft als bedrohliche Schatten erscheinen, gehören ebenso zu unserer Ganzheit wie die uns bewussten und akzeptierten Eigenschaften. Der Bewusstwerdungsprozess ist oft mit existenziellen Problemen verbunden, da man sich vor den Schatten meist fürchtet und sie darum abweist und verdrängt. Die unbewusste Angst führt zur Enge in Seele und Körper. So wie Angst das »freie Atmen« der Seele einschränkt, führt sie auf der Körperebene zur Behinderung der Atmung in der Form von Symptomen wie Krampfhusten, Bronchitis oder Asthma.

Das Wesen des Efeus ist die Verbindung des im Dunkeln liegenden Pols des Unbewussten mit dem sich im Licht befindlichen Pol des Bewussten. Schlüsselorgan für diese Verbindung ist die Schilddrüse, deren Funktion durch Efeu angeregt wird. Efeu löst psychisch bedingte Krampfzustände der Atmungsorgane und befreit die Atmung.

Anwendungsgebiete

Krampfartiger Husten, akute und chronisch-entzündliche Bronchialerkrankungen, Keuchhusten, Asthma, Kehlkopfentzündung, Rachenentzündung, akute Entzündungen der Verdauungsorgane, Schilddrüsenunterfunktionen, rheumatische Erkrankungen, zur unterstützenden Behandlung bei Alkoholismus

Inhaltsstoffe

Saponine (Hederacosid C, α-Hederin)

Wirkungen

Spasmolytisch, expektorierend, schleimhautreizend

Nebenwirkungen

Eine Schilddrüsenüberfunktion kann verstärkt werden.

Dosierung

1–3-mal täglich 2–5 Tropfen einnehmen.

Hypericum Ø

Johanniskraut-Urtinktur

Johanniskraut
Hypericum perforatum
frische blühende Pflanze

Wesen der Pflanze

Lichtassimilation, Nervenkraft, Stabilität

Johanniskraut hat von allen Heilpflanzen die stärkste Beziehung zum Licht. Die zur Zeit der Sommersonnenwende blühende Pflanze fördert die Aufnahme und Speicherung von Licht und dessen Umwandlung in Nervenkraft.

Licht ist eine essenzielle Energiequelle für die Nerven, die Schnittstelle zwischen Körper und Seele. Wer zu wenig aus dieser Quelle schöpfen kann, da – konstitutions- oder situationsbedingt – die Lichtaufnahmefähigkeit geschwächt ist oder das Lichtangebot durch anhaltend trübe Witterung oder langen Aufenthalt in künstlich beleuchteten Räumen vermindert ist, wird trübsinnig und depressiv. Dann wirkt Johanniskraut aufhellend.

Johanniskraut ist auch bei Verletzungen von Körper und Seele angezeigt. Depressionen als Folge erlittener physischer und psychischer Verletzungen und Kränkungen oder Schnitt- und Stichwunden mit Nervenverletzungen werden sehr erfolgreich behandelt. Das Nervensystem wird stabilisiert. Dosierung beachten!

Anwendungsgebiete

Psychovegetative Störungen, depressive Verstimmungszustände, Angst, nervöse Unruhe und nervöse Erschöpfungszustände, Nervenverletzungen, Schnitt- und Stichwunden, Verbrennungen ersten Grades, Myalgien, Rückenschmerzen, Ischialgie, Neuralgien (auch äußerlich), Herpes

Nebenwirkungen

In seltenen Fällen kann eine Photosensibilisierung auftreten.

Hoch dosierte Präparate können mit gewissen synthetischen Arzneimitteln in Wechselwirkung treten und deren Blutspiegel erniedrigen, so dass ihre Wirksamkeit abgeschwächt wird. Wenn folgende Medikamente verordnet sind, dürfen keine hoch dosierten Hypericum-Präparate eingenommen werden: Immunsuppressiva nach Organtransplantationen, Digoxin-Präparate, Cumarin-Präparate, Ovulationshemmer. Für Hypericum Ø in der unten angegebenen niedrigen Dosierung besteht diese Einschränkung nur bei den Immunsuppresiva. Die anderen Präparate können zusammen mit der Hypericum-Urtinktur eingenommen werden und werden in ihrer Wirkung nicht nur nicht abgeschwächt, sondern verstärkt.

Inhaltsstoffe

Hypericin, Flavonoide (Hyperosid, Rutin), ätherisches Öl, Gerbstoffe

Die Urtinktur ist aufgrund des hohen Hypericingehalts intensiv rot.

Wirkungen

Antidepressiv (z. B. Monoaminooxidasehemmung), antiphlogistisch

Dosierung

1–3-mal täglich 1–5 Tropfen einnehmen.

Die Erfahrung zeigt, dass bei den meisten Patienten sehr schnell starke Wirkungen erzielt werden. Deshalb muss die Dosis mit größter Sorgfalt ermittelt und individuell bestimmt werden. Man beginne in jedem Fall mit einer sehr niedrigen Dosierung von 1–3 Tropfen, 2- oder 3-mal täglich. Nach jeweils einer Woche die Dosis um einen Tropfen erhöhen, bis die gewünschte Wirkung eintritt. Dann – wichtig! – wieder mit der Dosis etwas zurückgehen oder allenfalls das Medikament nur jeden zweiten oder dritten Tag einnehmen. Eine allfällige Verschlimmerung des Zustands deutet fast immer auf eine Überdosis hin.

Imperatoria Ø

Meisterwurz-Urtinktur

Meisterwurz
Peucedanum osthrutium
frisches Rhizom

Wesen der Pflanze

Selbstbewusstsein, Befreiung aus Einengung und Zwang

Die Meisterwurz hat ein wahrhaft königliches Wesen. Sie symbolisiert ein Selbstbewusstsein, das andere nicht übergeht und auch im Mitmenschen die guten Eigenschaften hervorholen kann. Die innere Gewissheit ihrer Existenzberechtigung lässt sie anderen Menschen gegenüber wohlwollend und fördernd auftreten. Eine Aura von Glanz und Selbstverständlichkeit umgibt sie, bedrohliche Einflüsse prallen an ihr ab.

Menschen, die aus Mangel an innerer Sicherheit leicht angreifbar sind, die dazu neigen, sich allerlei schädigenden Einflüssen zu öffnen, können sich mit Hilfe dieses Pflanzenwesens ihrer Situation bewusst werden. Imperatoria stärkt die innere Kraft: Ein Kraftstrom erfasst die Mitte des Menschen, steigt vom Magen auf, erweitert den Brustraum und richtet die Schultern auf.

Imperatoria ist auch ein äußerst potentes Antidot gegen verschiedenste Giftwirkungen auf Körper und Seele.

Anwendungsgebiete

Magenverstimmungen (zur Magenstärkung), Bronchialerkrankungen, Verschleimung der Atemwege, allgemeine Schwächezustände, Steigerung der Abwehrkräfte, akute Vergiftungserscheinungen (verursacht durch verdorbene Nahrungsmittel, Giftpflanzen, Umweltgifte), Adjuvans zur Therapie von chronischen Vergiftungszuständen, verursacht durch *organische* Substanzen (kombinieren mit Ausleitungspräparaten!)

Inhaltsstoffe

Ätherisches Öl, Cumarinderivate, Gerbstoffe

Dosierung

1–3-mal täglich 3–5 Tropfen in Wasser einnehmen.

Lavandula Ø

Lavendel-Urtinktur

Lavendel
Lavandula angustifolia
frische Blüten

Wesen der Pflanze

Klärung, Reinigung; Transzendenz

Lavendel ist eine große »Seelenpflanze«, deren Bedeutung schon seit Jahrhunderten intuitiv verstanden wird. Dies bringt der botanische Name zum Ausdruck, der vom lateinischen *lavare*, waschen, stammt. Diese Reinigung ist aber nicht nur stofflich, sondern vor allem seelisch zu verstehen.

Lavendel wirkt klärend und beseelend. Er reinigt das Seelengefäß und bereitet Raum für subtilere und höhere Werte. Die Klärung bringt Ruhe und Nervenkraft. Dies erleichtert einerseits die Bejahung des persönlichen Schicksalswegs und fördert andererseits die Aufnahmebereitschaft für die Anforderungen der nächsten Stufe.

Lavendel hat die Kraft, den Menschen aufzurichten und die Seele zu öffnen. Er bringt seelische Klarheit, innere Ruhe und lenkt das Bewusstsein auf Lebensbereiche oder Beziehungen, die zu bereinigen sind, in denen Klarheit geschaffen werden soll. Menschen, die immer wieder seelische Krisen erleben, das heißt, in Kraft, Mut und Lebenswillen vorübergehend geschwächt werden, gibt Lavendel den Anstoß und die Möglichkeit, eine Hülle zu bilden. Die richtige Einschätzung seiner selbst und von anderen wird möglich. Lavendel hilft in Lebenskrisen und Übergangssituationen, als mütterliches Wesen nimmt er den Menschen liebevoll an die Hand und führt ihn über Hindernisse und durch Schwierigkeiten hindurch. Das Vertrauen in die umsichtige Führung ermöglicht es, in schwierigen Situationen zu bestehen und sich neuen Aufgaben und Herausforderungen zu öffnen.

Anwendungsgebiete

Lavendel besitzt eine nervenstärkende Wirkung.
Bei psychovegetativ labilen Zuständen, bei denen Nervosität, verbunden mit Magenschwäche, im Vordergrund stehen, Unruhezustände, Einschlafstörungen, funktionelle Oberbauchbeschwerden, nervöser Reizmagen, Blähungen, nervöse Darmbeschwerden, in Übergangssituationen (z. B. bei unruhigen Säuglingen und zur Sterbebegleitung)

Inhaltsstoffe

Ätherisches Öl (Linalylacetat)

Wirkungen

Beruhigend, entspannend

Dosierung

1–3-mal täglich 2–5 Tropfen in Wasser einnehmen.

Lupulus Ø

Hopfen-Urtinktur

Hopfen
Humulus lupulus
frische Zapfen

Wesen der Pflanze

Rückzug, Fröhlichkeit, Leichtigkeit

Der Hopfen ist eine Pflanze, die den Rückzug symbolisiert. Sein Wesen ist nicht darauf gerichtet, Ideen umzusetzen und Energien anzuwenden. In der Ruhe und Abgeschiedenheit oder im geschützten Kreis Gleichgesinnter schweifen die Gedanken, ohne konkret schöpferisch wirksam zu werden.

Hat man in der Arbeit oder im Leben überhaupt seine Energie, sein Engagement gegeben, folgt nun die Umkehrung am Feier- oder Lebensabend. Nach vollendetem Tagewerk darf man sich nun entspannen. Die Energien können in die umgekehrte Richtung fließen, man ist auf Empfangen, auf Regeneration eingestellt.

Das Hopfenwesen schirmt sich ab von störenden Einflüssen, die einen in den Alltag zurückholen; entweder durch Rückzug in »klösterliche« Einsamkeit oder in der Abgeschlossenheit eines Kreises von Freunden. Die Gedanken steigen kreisend in die Höhe, entfernen sich von den Pflichten und Verantwortungen, möchten sich aus der Realität herausziehen. Durch die Distanz können sich Spannungen und Unruhe lösen, das Gemüt wird fröhlich und leicht.

Das Wesen des Hopfens hilft Menschen, die eher am Stoffwechselpol verhaftet sind und zu einer gewissen Erdenschwere neigen, die tagsüber schläfrig sind und nachts wach liegen. Durch die Einnahme von Hopfen verlieren sie das Schwerfällige, Schläfrige und erfahren nachts eine lösende Ruhe.

Hopfenzubereitungen können aber auch umgekehrt wirken. Menschen, deren Aktionskreis kleiner geworden ist infolge Altersbeschwerden oder Krankheit haben oft Mühe, sich umzustellen. Sie fühlen sich innerlich noch ganz aktiv, werden aber von außen durch ihre Behinderung oder durch ihr Alter begrenzt. Dadurch entsteht Spannung und Unruhe. Ebenso fühlen sich viele junge Menschen energiegeladen und verlangen danach, aktiv zu werden; ihr Aktivitätspotenzial besitzt aber noch kein oder ein ungenügendes Profil. Sie müssen lernen, sich unterzuordnen, und erfahren dadurch Begrenzung; es entsteht Spannung.

In vielen Lebenssituationen muss der richtige Zeitpunkt abgewartet werden, um handeln zu können. Dabei besteht die Gefahr, dass man die Geduld verliert, pessimistisch oder aggressiv wird. Durch eine Veränderung ist man aus einem Lebensbereich herausgewachsen, man steht »auf dem leeren Bahnsteig am richtigen Geleise« und wartet. Die neue Situation kündigt sich an, ist aber noch nicht konkret vorhanden. Nun ist es wichtig abzuwarten, die Spannung auszuhalten.

Die Wesenskraft des Hopfens hilft, die erwähnten Spannungen dadurch aufzulösen, dass sie das kreative Potenzial in die richtigen Wege leitet. Durch diese Entspannung kann der richtige Schlafrhythmus wieder gefunden werden.

Anwendungsgebiete

Schlaflosigkeit, Einschlafstörungen, nervöse Magenbeschwerden, als Anaphrodisiakum für Männer

Inhaltsstoffe

Bitterstoffe (Humulon, Lupulon), ätherisches Öl, Flavonoide

Wirkungen

Beruhigend, schlaffördernd

Dosierung

1–3-mal täglich 2–5 Tropfen einnehmen.

Lycopus europaeus Ø

Wolfstrapp-Urtinktur

Wolfstrapp
Lycopus europaeus
frisches blühendes Kraut

Wesen der Pflanze

Rhythmus, Kühlung, Effizienz

Der Wolfstrapp schwingt in einem intensiven Lebensrhythmus, der durch nichts aus seinem Gefüge gebracht werden kann.

Wenn die verschiedenen Aktivitäten des Lebens einander in harmonischem Wechsel folgen, wenn sie von einem klaren Rhythmus getragen werden, führt dies zu einer hohen Effizienz. Das heißt, mit wenig Energie wird viel erreicht. Geht der Rhythmus verloren, wie etwa in Stresssituationen, wo man verschiedene Dinge gleichzeitig und unvollständig erledigt, steigt der Energiebedarf für die gleiche Leistung, das heißt, der Wirkungsgrad sinkt.

Das Organ, das den Wirkungsgrad im Körper bestimmt, ist die Schilddrüse. Ist sie überaktiv, wird der Grundumsatz gesteigert, das heißt, es wird mehr Energie als für die Aufrechterhaltung der Grundfunktionen nötig umgesetzt. Wolfstrapp kühlt die Überhitzung, die Überaktivität der Schilddrüse ab, bringt wieder Rhythmus und Effizienz in den Energiehaushalt.

Auch in Bezug auf die weiblichen Rhythmen besitzt der Wolfstrapp eine stabilisierende Wirkung. Wenn rhythmische Vorgänge wie das Auf- und Absteigen des Hormonspiegels während des weiblichen Zyklus Seele und Körper belasten, wirkt Lycopus erleichternd. Auch wenn der eigene, persönliche Rhythmus nicht in Übereinstimmung mit einem von außen auferlegten Rhythmus gebracht werden kann, wirkt die Pflanze ausgleichend.

Anwendungsgebiete

Schilddrüsenüberfunktion mit vegetativ-nervösen Störungen, Herzklopfen, Spannungsgefühl und Schmerzen in den Brüsten, prämenstruelles Syndrom

Inhaltsstoffe

Litospermsäure

Wirkungen

Antithyreotrop (TSH-Inhibierung), sedierend

Dosierung

1–3-mal täglich 2–5 Tropfen einnehmen.

Melilotus Ø

Steinklee-Urtinktur

Echter Steinklee
Melilotus officinalis
frisches blühendes Kraut

Wesen der Pflanze

Erweichen, lösen, beruhigen, erwärmen

Der Steinklee entwickelt einen kräftigen Duft nach frischem Heu, gemischt mit einer leichten Honignote. In dieser Komposition offenbart sich die Pflanze sehr direkt und unverhüllt. Im Bann ihres Duftes fühlen wir uns wohlig entspannt und angenehm beruhigt.

Erinnern wir uns an einen heißen, schwülen Sommertag! Der Atem geht schwer, jede Bewegung ist anstrengend in der Hitze, wir fühlen uns matt und energielos, es liegt Spannung in der Luft, die Atmosphäre ist »elektrisch«. Dann bricht ein reinigendes Sommergewitter herein, und kurz darauf breitet sich eine erlösende Entspannung aus, wir können wieder frei atmen. Die Luft riecht frisch und rein, die Atmosphäre hat sich entladen, die Temperatur ist wieder angenehm. Dieses und ähnliche Bilder lässt der Steinklee aufkommen; es ist die ins Bild übersetzte Wirkung der Pflanze.

Der Steinklee hat ein lösendes Wesen, er lässt die trägen, verlangsamten Lebenssäfte wieder fließen. Wenn Verklumpungs- und Stautendenzen in Seele und Körper auftreten, wirkt Steinklee erweichend und auflösend. Er hat eine spezifische Wirkung auf die Blutviskosität und verbessert, verflüssigt gewissermaßen durch ungesunde Lebensweise verdicktes Blut. Durch seine lösende Kraft wirkt der Steinklee auch entspannend und beruhigend.

Anwendungsgebiete

Beschwerden bei chronischer venöser Insuffizienz wie Schmerzen und Schweregefühl in den Beinen, nächtliche Wadenkrämpfe, Juckreiz und Schwellungen, zur unterstützenden Behandlung einer Venenentzündung, nach Thrombosen, Hämorrhoiden, Lymphstauungen, Kopfschmerzen

Nebenwirkungen

Kopfschmerzen bei Überdosis

Inhaltsstoffe

Cumarinderivate, Flavonoide, Sapogenine

Wirkungen

Antiödematös bei entzündlichem Ödem und Stauungsödem durch Zunahme des venösen Rückflusses und Verbesserung der Lymphokinetik

Dosierung

1–3-mal täglich 2–5 Tropfen einnehmen.

Melissa officinalis Ø

Zitronenmelissen-Urtinktur

Zitronenmelisse
Melissa officinalis
frische Blätter

Wesen der Pflanze

Besänftigung, Weichheit, Milde

Man könnte die Zitronenmelisse als Essenz aus der Summe vieler Heilpflanzen bezeichnen. Das Individuelle, das eine bestimmte Heilpflanze auszeichnet und das in der Therapie eigentlich erwünscht ist, hat sich bei der Melisse weitgehend verflüchtigt. Zurückgeblieben ist ein unglaublich sanftes, allheilendes Wesen. Die Melisse ist eine Heilpflanze, die uns mit tiefer Dankbarkeit und Ruhe erfüllt. Ihr Wesen entspricht einer sanften, liebkosenden Berührung, es schenkt entspannte Ruhe, wenn Nervosität und Anspannung zu Magen-Darm-Störungen oder Herzbeschwerden führen.

Die Melisse gehört zum Menschen, der wie die »Prinzessin auf der Erbse« die kleinsten Unannehmlichkeiten des Lebens als hart und störend empfindet. Ein großes Harmoniebedürfnis zeichnet ihn aus. Er liebt alles Schöne, Zarte, Ebenmäßige, Liebliche. Bereits kleine Unpässlichkeiten trüben sein Lebensgefühl, und er braucht viel Zuwendung. Die Melisse wendet sich ihm zu, sie versinnbildlicht das helfende Prinzip. Einschlafschwierigkeiten, Verdauungsprobleme, nervöse Unruhe und leichte Herzbeschwerden – dort wo das Harmoniebedürfnis gestört ist – werden mit Melissentinktur erfolgreich behandelt.

Anwendungsgebiete

Die Melisse hilft bei vielen Beschwerden im Bereich der Nerven, des Herzens und der Verdauungsorgane. Da ihre Wirkungsweise sehr mild ist, kann man keine schnellen Wirkungen erwarten. Deshalb muss Melissentinktur über längere Zeit in tiefer Dosis eingenommen werden.

Nervöse Magen-Darm-Beschwerden, nervöse Unruhezustände, psychovegetative Herzbeschwerden, äußerlich bei Herpes labialis

Inhaltsstoffe

Ätherisches Öl (Citronellal, Citral), Rosmarinsäure

Wirkungen

Sedativ, spasmolytisch, karminativ, antibakteriell, virustatisch

Dosierung

2–4-mal täglich 2–5 Tropfen einnehmen.

Mentha piperita Ø

Pfefferminz-Urtinktur

Pfefferminze
Mentha piperita
frische Blätter

Wesen der Pflanze

Neutralisation des Individuellen, Erfrischung, Entspannung

Die Pfefferminze gehört zu den am meisten verwendeten Heilpflanzen. Nicht nur in Kräutertees, sondern auch in Körperpflegeprodukten ist sie oft enthalten. Es besteht offensichtlich ein verbreitetes Bedürfnis nach den Wirk- und Wesenskräften der Pflanze.

Das Hauptanwendungsgebiet ist der Verdauungstrakt vom Mund über den Rachen bis zum Magen. Pfefferminzzubereitungen besitzen eine erfrischende, verdauungsfördernde und entspannende Wirkung.

Durch ihre neutralisierende Wesensart wird die Pfefferminze häufig in Mundpflegeprodukten eingesetzt. Im Atemgeruch kommt eine sehr persönliche Note zum Ausdruck, die durch Art und Menge der aufgenommenen Nahrung sowie durch die Qualität der Verdauung bestimmt wird. Persönliche Schwächen (falsche Nahrungsmittelwahl) oder ungenügende Verdauung können im Atem wahrgenommen werden. In unserer Ausatmungsluft offenbaren sich also gewissermaßen »Schattenseiten« unserer Individualität, die wir nicht so gerne zeigen möchten. Hier kommt uns die Pfefferminze mit ihrer dominierenden Kraft, die andere Wesen zu neutralisieren vermag, zu Hilfe. (Praktisch jede Zahnpasta enthält Pfefferminzöl oder Menthol, dessen Hauptbestandteil.)

Es gibt keinen eigentlichen Pfefferminztyp. Viele Menschen kennen Momente, in denen sie Unruhegefühle mit vermehrter Nahrungsaufnahme kompensieren. Andere Menschen reagieren mit Appetitlosigkeit. In beiden Fällen hilft die Pfefferminze mit ihrem scharf-frischen, anregenden Aroma.

Sie ist auch ein hervorragendes Mittel bei Übelkeit. Wenn die Verdauungsprozesse ins Stocken geraten sind, eine Mahlzeit zu schwer auf dem Magen liegt, helfen die neutralisierenden, abbauenden Kräfte der Pfefferminze sehr rasch.

Die neutralisierende Wirkung ist auch der Grund dafür, dass während einer Therapie mit klassischen Homöopathika (Hochpotenzen) keine Pfefferminzprodukte eingenommen werden sollen. Die feinstoffliche Information dieser Arzneimittel würde neutralisiert oder überdeckt.

Anwendungsgebiete

Krampfartige Beschwerden im Magen-Darm-Bereich sowie der Gallenblase und -wege, Störungen des Gallenflusses, Übelkeit, Blähungen

Inhaltsstoffe

Ätherisches Öl (Menthol), Gerbstoffe, Flavonoide

Wirkungen

Spasmolytisch, karminativ, cholagog

Dosierung

2–4-mal täglich 2–7 Tropfen einnehmen.

Millefolium Ø

Schafgarben-Urtinktur

Schafgarbe
Achillea millefolium
frisches blühendes Kraut

Wesen der Pflanze

Unterscheidungsvermögen

Es ist nicht einfach, die bemerkenswerten Tugenden der Schafgarbe zu verstehen und schätzen zu lernen. Die Schwierigkeit liegt darin, dass sie mehrere, recht unterschiedliche Indikationen hat, für die es andere Arzneipflanzen gibt, die pharmakologisch wirksamer sind und darum häufiger gewählt werden. Die Schafgarbe entfaltet aber eine unübertreffliche Wirksamkeit, wenn sie wesensgemäß richtig eingesetzt wird.

Das Wesen der Schafgarbe symbolisiert das Vermögen zur Unterscheidung. Bei der richtigen Unterscheidung, die jeder guten Entscheidung vorangeht, gilt es, die gegensätzlichen Pole einer Sache zu erkennen, auseinander zu halten und im Zusammenhang zu beurteilen. Gelingt dies nicht, fallen wir abwechselnd von extremer Zustimmung in extreme Ablehnung, und die richtige Wahl oder der goldene Mittelweg bleibt uns verschlossen.

Die Schafgarbe befähigt uns, aus den polaren Eigenschaften des Lebens die richtige Erkenntnis zu ziehen. Die Pflanze eignet sich sowohl für Menschen mit einem schwachen Unterscheidungsvermögen als auch für solche, die immer rasch und sehr entschieden zu einer bestimmten Meinung gelangen oder schnell heftige Kritik üben. Beides ist ein Zeichen dafür, dass es dem inneren Erkenntnisprozess am nötigen Licht zur Unterscheidung und Austarierung der Gegensätze fehlt. Menschen mit einer Unterscheidungsschwäche oder auch mit einer übermäßig starken Entschiedenheit werden durch das Wesen der Schafgarbe gestärkt. Kennzeichnend für solche Menschen ist unter anderem, dass körperlichen Beschwerden oft keine klaren Auslöser zugrunde liegen: Beispielsweise kann ein bestimmtes Nahrungsmittel einmal eine Magenkrise auslösen und ein anderes Mal problemlos vertragen werden.

Die Schafgarbe schärft die Wahrnehmung bei inneren Unterscheidungs- und Entscheidungsprozessen und kann auf diese Weise bei der richtigen Wahl unterstützend wirken. Die Schafgarbe ist also in jenen Fällen das Mittel der Wahl, in denen eine der unten stehenden Indikationen mit einer geschwächten oder zu schnellen Unterscheidung zusammentreffen.

Anwendungsgebiete

Menstruationsbeschwerden (krampfartige Beschwerden oder lang dauernde, starke Blutungen, wobei das Blut eine hellrote Farbe hat und dünnflüssig ist), Verdauungsbeschwerden (Appetitlosigkeit und funktionelle Oberbauchbeschwerden oder krampfartige Beschwerden im Magen-Darm-Bereich), venöse Durchblutungsstörungen, Krampfaderleiden, Hämorrhoiden, äußerlich bei entzündlichen Haut- und Schleimhauterkrankungen und als Wundheilmittel

Inhaltsstoffe

Ätherisches Öl, Flavonoide, Bitterstoffe, Cumarine, Gerbstoffe

Wirkungen

Spasmolytisch, karminativ, magensekretionsfördernd, cholagog, antiphlogistisch, blutstillend

Dosierung

Innerlich: 1–3-mal täglich 2–5 Tropfen einnehmen.
Äußerlich: 10 Tropfen mit Wasser verdünnt auftupfen.

Passiflora incarnata Ø

Passionsblumenkraut-Urtinktur

Passionsblume
Passiflora incarnata
frisches blühendes Kraut

Wesen der Pflanze

Herzensruhe, zu sich selbst finden, der ureigene innere Ton

Die Passionsblume besitzt eine besondere Beziehung zum Herzen. Sie symbolisiert die Herzensruhe, das »Im-Einklang-mit-sich-selbst«-Sein. Passiflora schenkt Herzensruhe und unterstützt den Prozess des Abschiednehmens.

Der Mensch schreitet von Lebenskreis zu Lebenskreis und durchlebt dabei Metamorphosen. Immer wieder muss er Abschied nehmen von etwas, das seinen Zweck erfüllt hat. So kann sich das Alte umwandeln in das Neue, Höhere. Kann er den Abschied bejahen, beflügelt ihn das. Festhalten und Auflehnung ziehen ihn herunter und werden zum Quell von Unruhe und Sorge.

Der Erwachsene lehnt sich häufig dagegen auf, Bekanntes, Liebgewordenes loszulassen. Das Kind hingegen reagiert unmittelbar, unbewusst, direkt körperlich auf Veränderung. Die Folge davon können Bewegungsunruhe, Hyperaktivität oder aber Teilnahmslosigkeit und Rückzug sein.

Wer selten Momente findet, die innere Ruhe zu pflegen, oder gleichzeitig in verschiedene Richtungen gezogen wird, läuft Gefahr, sich zu verlieren. Das Wesen der Passiflora besitzt die Eigenschaft, Menschen aus der Peripherie des Lebens wieder zu sich selbst zurückfinden zu lassen. Sie verhilft dazu, den ureigensten inneren Ton wieder zu hören, wirkt lösend, ausgleichend und schenkt Ruhe. Der Mensch wird so in seiner Mitte gestärkt.

Anwendungsgebiete

Psychische Unruhezustände, Schlafstörungen vor allem bei Kindern und älteren Menschen, bei sorgenvollen Patienten und wenn Unruhezustände verbunden sind mit Schmerzen in der Herzgegend, Spannungskopfschmerz

Inhaltsstoffe

Maltol, Flavonoide

Wirkungen

Sedativ

Dosierung

2–4-mal täglich 2–5 Tropfen oder vor dem Schlafengehen 5–10 Tropfen einnehmen.

Plantago lanceolata Ø

Spitzwegerich-Urtinktur

Spitzwegerich
Plantago lanceolata
frische Blätter

Wesen der Pflanze

Löschen, befeuchten, kühlen

Zwischen den Fingern zerriebene Spitzwegerichblätter haben eine schleimartige Konsistenz und weisen auf einen feuchten, kühlen Charakter hin. Als Standort sucht die Pflanze hingegen eher trockene Stellen. Der Spitzwegerich trägt somit das Prinzip der Feuchtigkeit ins Trockene.

Seinem Wesen nach ist der Spitzwegerich – bildlich gesprochen – ein pflanzlicher »Feuerlöscher«. Er wird angezogen von überhitzten, aufflammenden Prozessen, die er zu löschen und zu kühlen vermag. Man könnte sagen, er überzieht die Brandstellen mit einer kühlenden, schleimartigen Schicht, die sich befeuchtend und schützend über die Flächen legt. Natürlich handelt es sich hierbei nicht um konkretes Feuer, sondern um entzündliche Prozesse. Plantago hat einen kühlenden und heilenden Einfluss auf entzündliche Erkrankungen der Schleimhäute der Atemwege.

Die Pflanze steht in einem wesenhaften Bezug zu den Amphibien, deren Haut immer feucht sein muss. Genauso wie diese Tiere an der Grenze zwischen Wasser und Luft leben, vermittelt der Spitzwegerich zwischen dem Wässrigen der Lebenskräfte und dem Luftigen des Lebensatems. Hierbei ist die Lunge das vermittelnde Organ, dessen Funktion der Spitzwegerich zu unterstützen vermag.

Aufflammende Prozesse können auch im Seelischen in einer eruptiven Emotionalität gesehen werden. Der dem Spitzwegerich entsprechende Konstitutionstyp hat intensive Gefühle. Er ist ein Hitzkopf und fühlt sich schnell angegriffen. Schon das kleinste Fünkchen kann ein unkontrollierbares Feuer entfachen. Er explodiert und rastet aus, um später erschöpft nach Atem zu ringen. Solche Menschen können zu Entzündungen der Haut und der Schleimhäute, zu Atemproblemen und chronischer Bronchitis neigen.

Der Spitzwegerich wirkt sowohl auf der seelischen als auch auf der körperlichen Ebene, indem er die überschießende, feurige Emotionalität kühlt und die entzündete Schleimhaut mit einer schützenden, antiseptischen Schicht überzieht. Dadurch lindert er die Reizzustände und begünstigt die Heilung.

Anwendungsgebiete

Reizhusten, chronische Bronchitis, Entzündungen der Mundschleimhaut und der Luftwege, zur Unterstützung bei Krankheiten, die mit einer Schwächung der Lunge zusammenhängen

Inhaltsstoffe

Aucubin

Wirkungen

Bakteriostatisch, wundheilungsfördernd, hustenreizstillend

Dosierung

2–4-mal täglich 2–5 Tropfen einnehmen.

Ribes nigrum Ø

Schwarze-Johannisbeer-Blätter-Urtinktur

Schwarze Johannisbeere
Ribes nigrum
frische Blätter

Wesen der Pflanze

Einheit, Symbiose, Abweisung von Widersprüchen

Das Wesen von Ribes nigrum symbolisiert das Verlangen nach einer symbiotischen Einheit mit Gleichgesinnten, in der Widersprüche und Gegensätze nicht akzeptiert werden können. Der Ribes-nigrum-Typ leidet unter der Polarität und Widersprüchlichkeit des Lebens und sehnt sich nach bedingungsloser Liebe.

In der positiven Gestalt dieses Wesens erkennen wir Charaktereigenschaften wie die Neigung zum Bewahren, mütterliches Umfangen, Hingabe, wohltuende Freigiebigkeit. In der übersteigerten, negativen Form sehen wir Habgier, Eigenliebe sowie vereinnahmende Tendenzen.

Die Wesenskräfte der Schwarzen Johannisbeere unterstützen Menschen mit dem beschriebenen Bedürfnis nach Einheit und Verschmelzung in den schmerzlichen Erfahrungen, die sich aus der Begegnung mit Widersprüchen und Gegensätzen zwangsläufig ergeben.

Wie alle Nierenpflanzen repräsentiert Ribes nigrum die aktive, bewusste Hinwendung zum Mitmenschen. Die Einnahme dieser Pflanze kann das Bewusstsein dafür schärfen, dass alle Menschen miteinander verbunden sind und nur in der Gemeinschaft wirkliches Menschsein möglich ist. Vereinnahmendes, verletzendes Verhalten, das diesem Grundgesetz widerstrebt, kann besser erkannt werden.

Anwendungsgebiete

Anregung der Nierenfunktion, unterstützende Behandlung rheumatischer Beschwerden und bei Gicht, Beschwerden der Wechseljahre, Migräne

Inhaltsstoffe

Flavonoide, ätherisches Öl

Wirkungen

Diuretisch, Anregung der Nebennieren zur Ausschüttung von Hydrocortison, antiphlogistisch

Dosierung

1–3-mal täglich 2–5 Tropfen einnehmen.

Rosmarinus Ø

Rosmarin-Urtinktur

Rosmarin
Rosmarinus officinalis
frische Blätter

Wesen der Pflanze

Feuer, Begeisterung

Das Wesen des Rosmarins entzündet den Geist, begeistert. Wenn man sich für nichts mehr begeistern kann, wenn das »feu sacré« erloschen ist und Lethargie sich einschleicht, fehlt auch dem Blutkreislauf das dynamisierende Prinzip. Rosmarin feuert an, schenkt Energie, regt den Blutkreislauf an, durchwärmt das Blut und beugt Blutarmut vor.

Menschen, die großen Einsatz und Engagement zum Beispiel in sozialen Berufen zeigen, sind meist selbst sehr begeisterungsfähig und können Mitarbeiter und Kolleginnen mit ihrer Begeisterung anstecken, ein gutes Umfeld schaffen und hohe Ziele erreichen. Oft aber denken gerade diese Menschen nicht daran, ihre eigenen »Batterien« wieder aufzuladen; die Umgebung stützt sich zu sehr auf sie und rechnet selbstverständlich mit ihrer uneingeschränkten Präsenz. Es kommt zum Burn-out-Syndrom. Derselbe Mensch, der früher mit viel Liebe zur Sache und sprühender Freude anderen dienstbar war, ist nun leer und ausgebrannt. Er kann sich für nichts mehr erwärmen, sich an nichts mehr freuen, ihm fehlt die Kraft dazu. Rosmarin regt den Blutkreislauf an und durchwärmt Körper und Seele mit seinem aromatischen, feurigen Wesen. Er stärkt Magen und Bauchspeicheldrüse und wirkt tonisierend.

Vor allem Frauen leiden häufig an Blutarmut, ihre Gesichtsfarbe ist bleich und der Kreislauf schwach. Ihnen hilft Rosmarin; er wirkt Blutarmut entgegen, stabilisiert den tiefen Blutdruck und verbessert den Kreislauf.

Rosmarin besitzt die Kraft, den Menschen aufzurichten, vertreibt Lethargie und vermittelt wieder Freude am Leben.

Anwendungsgebiete

Funktionelle Oberbauchbeschwerden, Tonisierung bei allgemeinen Schwächezuständen, Blutarmut, Kreislaufbeschwerden, tiefer Blutdruck, rheumatischer Formenkreis, Kopfschmerzen

Inhaltsstoffe

Ätherisches Öl, Labiatengerbstoff

Wirkungen

Tonisierend, magensekretionsfördernd

Dosierung

2–4-mal täglich 2–5 Tropfen einnehmen oder bei Kopfschmerz auch einige Tropfen in die Schläfen einreiben.

Salvia Ø

Salbei-Urtinktur

Salbei
Salvia officinalis
frische Blätter

Wesen der Pflanze

Aufnahmefähigkeit, Empfänglichkeit, Yin

Das Wesen des Salbeis unterstützt die Aufnahmefähigkeit und Empfänglichkeit in seelischer und körperlicher Hinsicht. Es besteht ein Zusammenhang zwischen beiden: Eine Halsentzündung und damit verbundene Schluckbeschwerden können auch der körperliche Ausdruck einer psychischen Verfassung sein, in der man bis oben genug hat und nichts mehr schlucken kann.

Die menschliche Entwicklung erfordert immer wieder Offenheit gegenüber neuen Impulsen; Wandlungen, Metamorphosen sollen sich vollziehen. Die Angst vor einer Veränderung des Vertrauten, Sicheren wirkt blockierend. Es entsteht eine starke Abwehr gegenüber neuen Impulsen, der Mensch will unbewusst Neuem keinen Einlass mehr gewähren; Entzündungen des Rachens können die Folge sein.

Für die Frau beginnt mit dem Eintritt ins Klimakterium eine Lebensphase, in der eine Neuorientierung stattfindet. Ihre Persönlichkeit will erweitert, neue Interessen und Aufgaben müssen gesucht werden. Dabei ist es wichtig, die Empfänglichkeit für Impulse von innen und außen zu fördern. In dieser Situation verstärkt Salbei durch seine Wesenskräfte die Empfänglichkeit auf der seelischen Ebene, welche die nachlassende körperliche Empfängnisfähigkeit zu kompensieren vermag.

Frauen in den Wechseljahren schätzen die schweißhemmende Wirkung des Salbeis bei Hitzewallungen. Während der gebärfähigen Lebensphase wird das Gleichgewicht von Yin und Yang durch die Hormonproduktion aufrechterhalten. Aufgrund der verlangsamten Hormonproduktion verändert sich im Klimakterium das Gleichgewicht von Yin und Yang. So kommt es zeitweilig zu einem Wärme- oder Yang-Überschuss. Salbei kann hier kühlend und ausgleichend einwirken.

Anwendungsgebiete

Äußere Anwendung: Entzündungen der Mund- und Rachenschleimhaut, bei Heiserkeit und Kehlkopfentzündungen

Innere Anwendung: Hitzewallungen während der Wechseljahre oder bei psychosomatisch bedingter übermäßiger Schweißbildung, Verdauungsstörungen, Blähungen, Entzündungen der Darmschleimhaut, Durchfall

Gegenanzeigen

Schwangerschaft

Inhaltsstoffe

Ätherisches Öl (Thujon), Rosmarinsäure, Flavonoide, Triterpene

Wirkungen

Antibakteriell, fungistatisch, virustatisch, antiphlogistisch, adstringierend, sekretionsfördernd, schweißhemmend

Dosierung

1–3-mal täglich 2–5 Tropfen einnehmen oder zum Gurgeln 1–3-mal täglich 5–10 Tropfen in etwas Wasser.

Sambucus nigra Ø

Holunder-Urtinktur

Holunder
Sambucus nigra
frische Blätter und Blüten

Wesen der Pflanze

Reifung, Vollendung von Wärmeprozessen, Erwachsenwerden, Verantwortung, Schutz

Der Holunder ist die Schutzwesenheit für die Werke zur Veredlung und Vervollkommnung von Natur und Mensch. Das wesentliche Element, das dem Menschen zu kultureller und geistiger Höherentwicklung geschenkt wurde, ist das Feuer. Jeder Veredlungsprozess ist letztlich ein Wärme- und Bewusstwerdungsprozess. Dazu muss das Feuerelement im richtigen Maß eingesetzt werden, indem das Luftelement richtig dosiert und geregelt wird. Das Holunderwesen repräsentiert jene Kraft, die den richtigen Gebrauch, die richtige Handhabung der Luft (des Atems) und des Feuers ermöglicht. Es ist das geistige Prinzip, das die richtige Wärmetönung ermöglicht, damit die menschlichen Werke – sowohl die äußeren als auch die inneren Bewusstseinswerke – zu ihrer Vollendung kommen können.

Die Kraft des Holunders drängt den Menschen zu dem, was er werden soll, zur Vervollkomnung, zur seelischen und geistigen Höherentwicklung. Der Holunder lässt die Dinge ausreifen und erlaubt, sie zum richtigen Zeitpunkt zu ernten, er erlaubt, die nächste Stufe zu besteigen, ohne dass eine Stufe übersprungen wird.

Der Holunder ist ein Bildnis für die Lebensaufgabe des Menschen. Seine Zweige wachsen gerade in den Himmel, um sich nach einer Zeit zurück zur Erde zu biegen. Er vergisst seine Wurzeln, seine Abstammung, nicht, er neigt sich zu allen, die mit ihm auf dem Weg sind. In seiner höchsten Blüte ist er in empfangender Geste nach oben geöffnet. Der Holunder bietet sich jenen Menschen an, die sich ihrer Aufgabe noch nicht bewusst sind oder die eine engstirnige Vorstellung von ihrer Existenz, eine eigensinnige Weltvorstellung haben. Sie beurteilen ihre Umgebung nach ihren Wertvorstellungen und lassen sich nicht leicht von ihrem Urteil abbringen. Es fehlt die Geste der Öffnung nach oben, die Öffnung für höhere Erkenntnis und umfassendere Zusammenhänge. Daraus können Erkrankungen der Atemwege entstehen, denn der Atem ist das Symbol für die geistige Verbindung mit Welt und Menschheit. Über den Atem stehen die Menschen in intimer Verbindung miteinander – »wir atmen einander ein«. Wenn wir dies nicht zulassen, sind wir nicht mehr eingebunden ins Allgeschehen.

Einem eigensinnigen Menschen fehlt die Fähigkeit, ein Geschehen ausreifen zu lassen, einen Prozess zuzulassen. Er zieht voreilige Schlüsse und beharrt darauf, er erhitzt sich zu sehr für oder gegen etwas, Entstehungsprozesse geraten ins Stocken. Der ganze menschliche Lebenslauf ist ein Reifeprozess. Täglich, stündlich geschehen im Menschen körperliche und seelische Prozesse, größere und kleinere Zyklen, die einen Beginn, einen Höhepunkt und ein Ende haben.

Solche Prozesse unterstehen ihrem eigenen zeitlichen Verlauf, ihrer eigenen Gesetzmäßigkeit. Der reife Mensch weiß darum und greift nicht ein, er überlässt sich der inneren Führung. Menschen jedoch, die übereifrig und zu emotional sind, greifen überall ein, bei sich und bei anderen, bringen Prozesse ins Stocken oder unterbrechen sie gar. Dies wirkt krankmachend, abwehrschwächend. Holunder kann mit seinem Prinzip der Reife helfend eingreifen und das Weiterschreiten ermöglichen. Es ist der Prozess der Reifung, des Erwachsenwerdens, der Übernahme von Verantwortung.

Holunder unterstützt die Vollendung seelischer und körperlicher Reifungsprozesse und besitzt eine ausgeprägte Beziehung zu den durchlüfteten Organen (Atemwege und Nebenhöhlen). Er wird eingesetzt bei stockenden – nicht zur Vollendung kommenden – Wärmeprozessen, wenn zum Beispiel eine Entzündung lange nicht ausheilt oder zur Chronifizierung neigt. Entzündungen und hartnäckige Verschleimung im Bereich der Atemwege, chronische Sinusitis und Raucherhusten sprechen gut auf Sambucus an.

Anwendungsgebiete

Erkältungskrankheiten, zur Chronifizierung neigende Entzündungen der Atemwege, schlecht ausheilender Stockschnupfen, chronische Sinusitis (Nebenhöhlenentzündung), Raucherhusten, fieberhafte grippale Infekte *ohne* Schweiß, immunstärkend bei grippalen Infekten

Inhaltsstoffe

Flavonoide, ätherisches Öl, Triterpene

Wirkungen

Schweißtreibend, vermehrt die Bronchialsekretion, immunstimulierend

Dosierung

1–3-mal täglich 2–5 Tropfen einnehmen.

Solidago Ø

Goldruten-Urtinktur

Goldrute
Solidago virgaurea
frische Blütenstände

Wesen der Pflanze

Verbindung, Liebe, Trost, Beziehungsfähigkeit, Fluss der Gefühle

Durch sein Wesen, das eine innig freundschaftliche Beziehung symbolisiert, verbindet Solidago das Getrennte und Unvollständige zu einem Ganzen.
Freundschaft und Liebe verbindet die Menschen und aktiviert die Energien, die eine gesunde Nierenfunktion ermöglichen. Wenn der harmonische Fluss der verbindenden Gefühle versiegt, wenn Enttäuschungen, Frustrationen und Schuldgefühle Beziehungen blockieren, wird die psychische Energie geschwächt und die Nieren leiden.
Die Goldrute ist das spezifischste Nierenfunktionsmittel. Sie ist insbesondere bei Nierenleiden angezeigt, die mit schmerzlichen Erfahrungen in Beziehungen und Partnerschaften und bei Beziehungsverlusten zusammenhängen.

Anwendungsgebiete

Akute und chronische Nephritis, Durchspülungstherapie bei entzündlichen Erkrankungen der ableitenden Harnwege (auf reichliche Flüssigkeitszufuhr achten!), Rezidivprophylaxe bei Harnwegsinfekten, Nierengrieß, Steinprophylaxe, Albuminurie, Ödeme renalen Ursprungs, Nierenerkrankungen, verbunden mit Hautausschlägen und Drüsenschwellungen, bei im Verlauf von Infektionskrankheiten nur langsamer Besserung und dabei spärlich, dunkel, trübe werdendem Urin, bei Mangel an psychischer Energie (Chi)

Inhaltsstoffe

Ätherisches Öl, Flavonoide, Diterpene, Saponine, Phenolglykoside

Wirkungen

Diuretisch, antiphlogistisch, antiurolithiatisch, antiexsudativ

Dosierung

1–3-mal täglich 2–5 Tropfen in einem halben Glas Wasser langsam trinken.
Kann zu einer starken Reaktion der Nieren führen. Daher muss mit einer tiefen Dosierung begonnen werden. Bei Schmerzen in der Nierengegend soll die Dosierung verringert werden.

Taraxacum Ø

Löwenzahn-Urtinktur

Löwenzahn
Taraxacum officinale
frische ganze Pflanze

Wesen der Pflanze

Wandlung, Anpassungsfähigkeit, Fluss der Lebensenergie, Wärme, Lebenskraft

Der Löwenzahn gehört zu den anpassungsfähigsten und vitalsten Pflanzen. Die durch den Löwenzahn vermittelte Wandlungs- und Anpassungsfähigkeit bezieht sich gleichermaßen auf Ideen, Wertvorstellungen und Anschauungen wie auf die Stoffwechselaktivität der Leber. Beide Ebenen weisen einen engen Zusammenhang auf: Wie die Leber eine rege Umwandlungsaktivität von chemischen Substanzen entfaltet, so erfährt die innere Anschauung im Verlauf des Lebens immer wieder Anpassungen, Änderungen und Erweiterungen. Vorstellungen müssen an der Lebenserfahrung überprüft und – wenn erforderlich – angepasst oder korrigiert werden. Doch bereitet kein anderer Prozess auf der seelisch-geistigen Ebene so viel Mühe wie die Änderung von einmal gebildeten Werten und Anschauungen. Zwar weichen Vorstellung und Realität aufgrund der Unvollkommenheit des Bewusstseins immer mehr oder weniger voneinander ab; wird jedoch ein bestimmtes Maß der Abweichung überschritten, so führt dies zu Ärger oder Bitterkeit. Damit ist in der Regel auch eine Störung der Leberfunktion und des Gallenflusses verbunden.
Löwenzahn dynamisiert die Wandlungs- und Anpassungsprozesse, löst Stauungen und Erstarrungen in Geist und Körper und vermittelt dadurch neue Lebenskraft.

Anwendungsgebiete

Vor allem bei Krankheiten angezeigt, bei denen eine ungenügende Leberfunktion zu Erstarrungs-, Ermüdungs- und Stauungsprozessen führt.
Anregung der Leberfunktion, Ausleitung und Entgiftung über die Leber, Stoffwechselkrankheiten, Rheuma, Gicht, Allergien, Hautkrankheiten, Schwäche, Müdigkeit, chronisches Müdigkeitssyndrom, Kältegefühl in den Extremitäten, verdauungsbedingter Kopfschmerz, Störungen des Gallenflusses, Gallensteine, Anregung der Diurese, Appetitlosigkeit und funktionelle Oberbauchbeschwerden, mangelnde Fettverdauung, Verstopfung, vorbereitend und begleitend bei Ausleitungstherapien (z. B. Nosodentherapie), vor Amalgamentfernung 3–4 Wochen

Inhaltsstoffe

Bitterstoffe, Mineralstoffe (Kalium)

Wirkungen

Choleretisch, diuretisch

Dosierung

1–3-mal täglich 2–5 Tropfen einnehmen.

Thymus vulgaris Ø

Thymian-Urtinktur

Thymian
Thymus vulgaris
frisches blühendes Kraut

Wesen der Pflanze

Glut, Zuwendung, Reinigung

Thymian gehört zu den aromatischen Lippenblütlern, deren Wesen aus ihrem Aroma spricht. Das ätherische Thymianöl hat einen strahlenförmig durchwärmenden Charakter. Auf die Zunge genommen, breitet sich ein mildes, doch lange anhaltendes Brennen aus. Nicht feurig und heftig, sich rasch wieder verflüchtigend, sondern gleichmäßig und tragend ist die Hitze, die bis in Lungen und Magen vorzudringen vermag. Es ist eine intensive Wärme, wie sie von einer Glut ausgeht.

Auf der psychischen Ebene entspricht diese Wärme der Zuwendung, Aufmerksamkeit und Anerkennung. Mangel an seelischer Wärme und Aufmerksamkeit oder physische Kälte können zur Anfälligkeit der Atmungsorgane gegenüber Infektionskrankheiten führen. Als Hauptsymptom zeigt sich dann die Bildung von zähem, oft auch übelriechendem Schleim, der nicht abgehustet werden kann; aber auch trockener, krampfartiger Husten (auch Pseudokrupp) bei Kindern, die vielleicht zu wenig Aufmerksamkeit, Anerkennung und Wärme erhalten haben, gehört dazu.

Thymian vermittelt die notwendige Wärme, um den zähflüssigen Schleim zu durchdringen und zu verflüssigen, die Krankheitserreger zu bekämpfen und schlechte Gerüche zu reinigen, oder auch um einen kältebedingten Krampf zu lösen.

Anwendungsgebiete

Akuter Husten, wenn der Schleim nicht abgehustet werden kann, oder auch trockener Husten mit mangelnder Schleimbildung, Keuchhusten

Thymian ist das spezifische Mittel bei Husten, der durch Kälte (psychisch oder körperlich) verursacht wurde.

Inhaltsstoffe

Ätherisches Öl (Thymol)

Wirkungen

Sekretolytisch, expektorierend, spasmolytisch

Dosierung

1–3-mal täglich 2–5 Tropfen einnehmen.

Tropaeolum majus Ø

Kapuzinerkresse-Urtinktur

Kapuzinerkresse
Tropaeolum majus
frisches blühendes Kraut

Wesen der Pflanze

Durchwärmung des Wässrigen

Feuer (Licht und Wärme) und Wasser sind die grundlegenden Elemente des Lebens. Jede Lebensform gedeiht nur in einem spezifisch abgestimmten Verhältnis von Feuer und Wasser. Für die Landlebewesen gilt: Mangelt es an Wasser, vertrocknen die Lebensorganismen, gibt es Wasser im Überfluss, »ertrinken« sie.

Das Feuer regelt diese Verhältnisse. Das Element Feuer ist von Natur aus warm und trocken, das Element Wasser nass und kalt. Das Maß des Eingreifens des Feuerelements (Sonne) schafft die den jeweiligen Lebensformen angepassten Verhältnisse von Warm und Kalt sowie Trocken und Nass. Diese Elemente haben auch eine höhere Bedeutung. Das Feuer steht für die Bewusstseins- oder Ich-Kraft, das Wasser für die Lebenskraft.

Die Kapuzinerkresse wirkt als regelnde Kraft für die richtige, angemessene Verbindung des Feurigen mit dem Wässrigen. Sie »temperiert« das Wasser, durchdringt das Leben mit Bewusstseinskräften, bringt das Wärmeelement in Verbindung mit dem Kalten und Nassen.

Der Kapuzinerkresse-Typ wähnt sich auf der Schattenseite des Lebens, der Platz an der Sonne ist immer schon besetzt. Er räumt anderen Mensch zu viel Macht ein. Er versteckt sich aber auch gerne hinter dem Rücken eines stärkeren Menschen, geht in seinem Windschatten durchs Leben. Darin steckt auch eine gewisse Feigheit, sich dem Leben zu stellen. Es fehlt ihm die konstante Wärme des gesunden Selbstbewusstseins. Dieser Menschentyp bewundert und beneidet insgeheim den Erfolg des Starken. Er fährt in seinem Kielwasser mit und identifiziert sich mit dem Erfolgreichen. Selbst traut er sich nicht zu, seine Ideen der Welt zu präsentieren, obwohl viel Kreativität in ihm steckt. In seinem innersten Wesen weiß er um seinen Wert, aber es fehlt ihm der Mut, die Charakterstärke, das Charisma, damit nach außen zu treten.

Der geschilderte Menschentyp kann zu chronischen Infektionen (z. B. der Harnwege) neigen. Kapuzinerkresse unterstützt ihn in der Freisetzung von Wärmekräften.

Anwendungsgebiete

Infektionen der Harnwege, zur unterstützenden Behandlung von Mykosen, grippale Infekte, Bronchitis, Rachenentzündung, Entzündungen der weiblichen Geschlechtsorgane, prämenstruelles Syndrom

Inhaltsstoffe

Benzyl-Senföl

Wirkungen

Fungistatisch, bakteriostatisch, immunstimulierend

Dosierung

2–4-mal täglich 2–5 Tropfen einnehmen.

Urtica dioica Ø

Brennnessel-Urtinktur

Brennnessel
Urtica dioica
frisches blühendes Kraut

Wesen der Pflanze

Aggression, Wille, Selbstüberwindung, Blutreinigung; Eisen

Aggression wird meistens mit einer negativen, zerstörerischen Aktivität in Verbindung gebracht. Doch Aggression, im ursprünglichen, positiven Sinn verstanden, beseitigt Hindernisse, damit sich neue Aktivität entfalten kann (lat. *aggredi*, etwas angehen). Sie entfernt das Alte, Verbrauchte, Kraftlose, Überfällige und schafft dadurch Raum für Neues. Aggression und schöpferische Tätigkeit gehören untrennbar zusammen.

Für die persönliche Entwicklung und Freiheit ist es wichtig, eine positive, das eigene Wesen anpackende Aggression in der Form von Selbstüberwindung und Wille zu entwickeln, um die Führung im eigenen Leben zu übernehmen und sich nicht durch Triebe beherrschen zu lassen. Fehlt der zügelnde Wille, können behindernde Neigungen und Bindungen nicht losgelassen werden, was zur Ansammlung von seelischen und körperlichen »Schlacken« führt.

Auf der Körperebene häufen sich aufgrund einer Fehlernährung (üppig, eiweißreich) Schlacken (stickstoffhaltige Abbauprodukte, Harnsäure) im Blut an, und es kommt dadurch zu einer Einschränkung der Bewegungsfreiheit (rheumatische und gichtartige Beschwerden). Hier hilft die Brennnessel mit ihrer Aggression, indem sie die Möglichkeit schafft, erstarrte Strukturen in Seele und Körper dynamisch aufzubrechen. Aufgrund ihres Eisengehalts besitzt sie eine spezifische Beziehung zum Blut. Es ist die ins Blut getragene Aggression, die den Organismus von den alten, unbrauchbaren Stoffen befreit. Bei keiner anderen Pflanze ist der alte Begriff »Blutreinigung« derart zutreffend wie bei der Brennnessel.

Brennnessel ist ein hervorragendes Basistherapeutikum zur Behandlung von Allergien. Allergien sind überschießende Immunreaktionen auf an sich unschädliche Substanzen. Sie sind Ausdruck einer Abwehr, die auf einen vermeintlichen Feind gerichtet ist, Zeichen einer fehlgeleiteten Aggression. Das Wesen der Brennnessel kann die Abwehr wieder ins richtige Verhältnis rücken.

Anwendungsgebiete

Ausleitung und Entgiftung über die Niere, bei Stoffwechselkrankheiten wie Rheuma, Gicht, Allergien, nesselsuchtartigen Hautkrankheiten, als Diuretikum bei entzündlichen Erkrankungen der Harnwege, Nierengrieß, Blutarmut, Erschöpfungszustände, Frühjahrsmüdigkeit

Inhaltsstoffe

Hoher Chlorophyllgehalt, Mineralstoffe (Kieselsäure, Kalium, Eisen), in den Brennhaaren biogene Amine (Histamin, Serotonin, Cholin)

Wirkungen

Diuretisch

Dosierung

1–3-mal täglich 2–5 Tropfen einnehmen.

Valeriana Ø

Baldrian-Urtinktur

Baldrian
Valeriana officinalis
getrocknete Wurzel

Wesen der Pflanze

Erdung, Ableitung, Mutter Erde

Baldrian hat eine vermittelnde und ableitende Wesenskraft. Er leitet einen Überschuss an Nerven-Sinnes-Energie ab und erdet sie, er neutralisiert eine Überspannung an »Nervenelektrizität«. Damit hilft Baldrian dem Menschentyp, der Gefahr läuft, den Boden unter den Füßen zu verlieren und zu schweben, der eine übersteigerte Gedankenaktivität mit Neigung zur Gedankenflucht entfaltet und eine Überempfindlichkeit der Sinne entwickelt. Solche Menschen haben oft etwas Durchsichtiges, Ätherisches. Durch seine erdende Wirkung stellt Baldrian das Gleichgewicht zwischen der Denk- und Sinnesaktivität und der Stoffwechselaktivität wieder her.

Die Schwierigkeit bei der Anwendung von Baldrian liegt darin, dass er eine ausgeprägte Polarität besitzt und bei gegensätzlichen Wesenszügen eingesetzt werden kann.

Grundsätzlich müssen Denken und Fühlen im richtigen Verhältnis zueinander, im Gleichgewicht stehen. Sind die Gefühle beherrschend, können keine strukturierten und vernünftigen Gedanken gefasst werden. Mangelt dem Denken jedoch die Durchwärmung durch das Herz, entstehen isolierte Denkprodukte, die nicht im Einklang mit den Lebensgesetzen der Natur und des Kosmos stehen und zu zerstörerischen Resultaten führen. Die Zerstörung kann dabei nach innen oder nach außen gerichtet sein. Nach innen entsteht eine übermäßige Zehrung der Lebenskräfte, eine Überreiztheit, Nervosität, Überempfindlichkeit. Dies entspricht dem oben beschriebenen Menschentyp. Die zerstörerischen Folgen des isolierten Denkens nach außen treten in unserer Zeit immer mehr zu Tage.

Dominieren die Gefühle, wird das Denken geschwächt; es läuft unkontrolliert, ausschweifend ab und kann nicht gezielt gehandhabt werden. Gefühle herrschen vor, nicht Sorgen. Gedanken machen sich selbstständig, sind aber Gefühlsgedanken, die um verletzte Gefühle, Lob und Tadel, Angenommensein oder Abgelehntwerden kreisen. Geschehnisse werden immer wieder durchdacht, eigentlich durchfühlt. Die Gedanken können nicht begrenzt werden, nicht beendet, schon gar nicht strukturiert. Eine innere Unruhe breitet sich aufgrund von Gefühlen aus.

Baldrian kann aufgrund seiner vermittelnden und erdenden Wesensart auch in solchen Situationen ausgleichend und sedierend wirken.

Anwendungsgebiete

Unruhezustände, nervös bedingte Einschlafstörungen, Unruhe und Gedankenflucht, Überempfindlichkeit aller Sinne, Muskel- und Nervenschmerzen (Besserung durch Bewegung), ruckartige Gliederschmerzen, Neigung zu Ohnmachtszuständen

Inhaltsstoffe

Ätherisches Öl (Bornylacetat), Valerensäure

Wirkungen

Sedativ

Dosierung

1–3-mal täglich 2–5 Tropfen oder 1-mal täglich vor dem Schlafengehen 3–7 Tropfen einnehmen.

Bei Baldrian gibt es sehr große Unterschiede in der individuellen Dosierung, und Umkehrwirkungen sind häufig. Viele Menschen werden schon bei tiefer Dosis aktiviert und unruhig, was grundsätzlich ein Zeichen richtiger Arzneimittelwahl, aber zu hoher Dosierung ist. In solchen Fällen kann z. B. folgende Dosierung richtig sein: 1–2 Tropfen Urtinktur in ein Glas Wasser geben, davon nur einen Schluck trinken und den Rest fortgießen.

Viola tricolor Ø

Stiefmütterchen-Urtinktur

Stiefmütterchen
Viola tricolor
frisches blühendes Kraut

Wesen der Pflanze

Verletzlichkeit; Echtheit und Schein

Das Wesen des Stiefmütterchens tritt uns in seiner vielfältigen Gestalt- und Farbgebung entgegen. Diese Pflanzenart kann durch Züchtung in zahlreichen, unterschiedlichen Varianten erscheinen. Es besteht keine unmittelbare Entsprechung zwischen innen und außen, zwischen Wesen und Gestalt. Sein und Schein befinden sich in einem Spannungsfeld. Die Stabilität und Echtheit, wie sie andere Pflanzen durch die Entsprechung von Wesen und Gestalt haben, fehlt dem Stiefmütterchen.

Das Stiefmütterchen versinnbildlicht den sehr empfindsamen, verletzlichen, komplizierten Menschentypus, der seine Verletzlichkeit mit allen Mitteln – auch kosmetischen – zu verbergen sucht. Es ist ihm ein Anliegen, den Schein, das Gesicht zu wahren. Die Haut als Grenze zwischen innen und außen, als sichtbare Oberfläche soll intakt und schön bleiben. Doch als Ausscheidungsorgan und Spiegel der Seele kann die Haut auch ein physiologisches oder psychisches Ungleichgewicht zum Ausdruck bringen, es sichtbar machen.

Viola tricolor ist durch sein Wesen spezifisch auf die Bewahrung der Schönheit der Haut ausgerichtet. Es regt die Ausleitung über die Nieren an und versorgt die Haut mit spezifischen Heilkräften.

In psychischer Hinsicht vermag das Stiefmütterchen die Aufmerksamkeit auf die Diskrepanz zwischen der inneren Verletzlichkeit und der nach außen getragenen, künstlichen Oberflächlichkeit zu lenken.

Anwendungsgebiete

Äußerlich und innerlich bei verschiedenen Hauterkrankungen wie Ekzemen, Impetigo, Akne und Juckreiz, leichten seborrhoischen Hauterkrankungen, Milchschorf beim Kind

Inhaltsstoffe

Salicylsäure und deren Derivate, Phenolcarbonsäuren, Schleime, Gerbstoffe, Flavonoide

Dosierung

Innerlich: 1–3-mal täglich 2–5 Tropfen.
Äußerlich: Mehrmals täglich 10 Tropfen in wenig Wasser zum Auftupfen.

Viscum album Ø

Mistel-Urtinktur

Mistel
Viscum album
frische Pflanze zur Zeit der Fruchtreife

Wesen der Pflanze

Stille, Schwerelosigkeit

Die Mistel ist dem Wasser- und Luftelement unterstellt und entzieht sich ganz dem Wirkungsbereich der Erde und des Feuers. Auf den Menschen übertragen entsprechen die Elemente Luft und Wasser den Gefühlen und der Lebensenergie.

Druck- und Spannungsunterschiede in der Atmosphäre entstehen naturgesetzmäßig durch die Einwirkung von Wärme und Erdanziehungskraft. Da die Mistel von Wärme und Erdkräften nicht berührt wird, hält sie Druck und Spannung aus ihrem Wirkungskreis fern; Stress, angespannte Gefühle und ein hitziges Gemüt sind dem Wesen der Mistel fremd.

Da in solchen Gefühlszuständen eine häufige Ursache von Bluthochdruck liegt, ist ein Bezug zwischen dem Wesen der Mistel und ihrer körperlichen, blutdrucksenkenden Wirkung offensichtlich.

Viscum album vermittelt ein Gefühl der inneren Stille und Schwerelosigkeit. Patienten mit Angstzuständen, Albträumen und/oder zu starker Empfänglichkeit für Mondeinflüsse sprechen gut auf eine Behandlung mit der Urtinktur in geringer Dosierung an.

Anwendungsgebiete

Bluthochdruck, Schwindelgefühle

Inhaltsstoffe

Lectine, Flavonoide

Dosierung

1–3-mal täglich 2–5 Tropfen einnehmen.
Es empfiehlt sich, die Therapie mit einer niedrigen Dosierung zu beginnen, die allmählich erhöht wird (»Einschleichen«).

Alchemilla comp.

Frauenmantel-Komplex

Zusammensetzung

1 g enthält:
300 mg Alchemilla Ø
210 mg Lycopus europaeus Ø
210 mg Ribes nigrum Ø
140 mg Salvia Ø
140 mg Allium cepa D6

Begründung der Kombination

Die Bestandteile von Alchemilla comp. sind aufgrund ihrer wesenhaften Entsprechung mit weiblichen Prinzipien (Yin in der chinesischen Philosophie) zusammengestellt.
Alchemilla ist umhüllend, behütend und hervorbringend, Lycopus ist rhythmusstärkend und kühlend, Ribes nigrum wirkt hormonregulierend, Salvia fördert die Aufnahmefähigkeit und Empfänglichkeit, und Allium cepa ist das verbindende Element in der Mischung.

Anwendungsgebiete

Klimakteriumsbeschwerden, Hitzewallungen, prämenstruelles Syndrom, Dysmenorrhoe, als Konstitutionsmittel zur Stärkung des Yin-Pols sowohl bei Frauen als auch bei Männern mit einem Yang-Überschuss oder einer Yin-Schwäche

Dosierung

1–3-mal täglich 2–5 Tropfen einnehmen.

Daucus comp.

Wilde-Möhren-Komplex

Wilde Möhre
Daucus carota L.
frisches blühendes Kraut

Zusammensetzung

Potenzenaccord von D6, D8, D12 zu gleichen Teilen

Wesen der Pflanze

Zentrierung

Die heutige Zeit ist gekennzeichnet durch eine kaum zu bewältigende Vielfalt und Komplexität von Einflüssen, die auf den Menschen einwirken und seine Aufmerksamkeit erfordern. Dies kann je nach Konstitution und Intensität der Belastung zu einer inneren Zerrissenheit und Unausgeglichenheit der Kräfte führen. Die Bewusstseinskräfte werden zerstreut und geschwächt. Dabei ist es oft nicht mehr möglich, die Energie auf das Wesentliche, auf das Zentrum zu lenken. Zerfahrenheit, Konzentrationsmangel, ein leerer Kopf, Benommenheit, sich im Kreis drehende Gedanken, Schwindelgefühle, Mangel an Entschlussfähigkeit und Antriebskraft, psychische Verstimmungszustände oder Schweißausbrüche können die Folge sein. In solchen Situationen erweist sich die wilde Möhre als hilfreich. Sie vermag zerstreute Kräfte wieder auf den Mittelpunkt hinzuführen, den Blick für das Wesentliche zu schärfen, zu zentrieren.

Anwendungsgebiete

Konzentrationsstörungen, Antriebsschwäche, mangelnde Vigilanz, Depressionen

Dosierung

1–3-mal täglich 5 Tropfen einnehmen.
Eine Intervalltherapie führt zu einer deutlichen Wirkungsverstärkung: 4 Wochen Einnahme, 1–2 Wochen Pause.

Ginkgo-Dryopteris comp.

Ginkgo-Komplex

Zusammensetzung

1 g enthält:
600 mg Ginkgo Ø
400 mg Dryopteris herba D30

Begründung der Kombination

Es handelt es sich um ein Spezifikum gegen Durchblutungs- und Funktionsstörungen des Innenohrs. Ginkgo wird eingesetzt bei zerebrovaskulären Durchblutungsstörungen und besitzt eine lindernde Wirkung bei Ohrensausen. Dryopteris herba, das Kraut des Wurmfarns, weist eine spezifische, wesenhafte Entsprechung zu den Funktionen des Innenohrs auf. Außerdem besitzen beide Bestandteile eine ausgeprägte Widerstandskraft gegenüber schädigenden, elektromagnetischen Einflüssen.

Anwendungsgebiete

Tinnitus

Dosierung

1–3-mal täglich 2–5 Tropfen einnehmen.

Hedera comp.

Efeublätter-Komplex

Zusammensetzung

1 g enthält:
400 mg Hedera helix Ø
350 mg Thymus vulgaris Ø
150 mg Marrubium vulgare Ø
100 mg Glycyrrhiza glabra Ø

Begründung der Kombination

Hedera helix (Efeu) wirkt krampf- und schleimlösend bei (spastischer) Bronchitis, Thymus vulgaris (Thymian) ist angezeigt bei kältebedingtem, meist trockenem Husten mit mangelnder Schleimbildung, Marrubium vulgare (Andorn) wirkt schleimlösend, und Glycyrrhiza glabra (Süßholz) ist ein Expektorans mit sekretolytischer und sekretomotorischer Wirkung bei Husten und Bronchialkatarrhen.
Die Bestandteile der Kombination decken mehrere Typen und Ursachen von Bronchialerkrankungen ab. Hedera comp. dient als Hustenmittel, wenn keine eindeutige Zuordnung zu einer der bei den Einzelmitteln beschriebenen Hustenpflanzen möglich ist.

Anwendungsgebiete

Bronchialkatarrh, Reizhusten, chronische Bronchitis

Dosierung

Nach Bedarf bis 5-mal täglich 2–5 Tropfen einnehmen.

Hypericum comp.

Johanniskraut-Komplex

Zusammensetzung

1 g enthält:
240 mg Hypericum Ø
190 mg Taraxacum Ø
190 mg Solidago Ø
190 mg Hedera helix Ø
190 mg Chelidonium D4

Begründung der Kombination

Hypericum comp. ist aus vier Urtinkturen und einer homöopathischen Dilution zusammengesetzt. Die vier Pflanzen der Urtinkturen begleiten die Sonne durch die vier Jahreszeiten. Jede Pflanze stellt in der jeweiligen Jahreszeit einen Höhepunkt des Pflanzenreichs in der Verkörperung von Sonnen- und Wärmekräften dar: Löwenzahn im Frühling, Johanniskraut im Sommer, Goldrute im Herbst und Efeu im Winter. Die homöopathische Dilution aus Schöllkraut hat in der Kombination eine vermittelnde Funktion.

Anwendungsgebiete

Hypericum comp. reguliert den Energiehaushalt von Psyche und Körper über eine spezifische Stimulierung des Sonnengeflechts und des Pankreas. Das Präparat ist angezeigt bei Unterfunktion der Pankreas, bei Energiemangel, verbunden mit einer ausgeprägten Kälteempfindlichkeit, Hypericum comp. ist hilfreich bei den daraus entstehenden Symptomen wie Depressionen, mangelnde Antriebs- und Entschlusskraft, Konzentrationsstörungen, Frösteln.

Dosierung

1–2-mal täglich 3–5 Tropfen einnehmen.

Melissa comp.

Melissen-Komplex

Zusammensetzung

1 g enthält:
400 mg Melissa officinalis Ø
300 mg Millefolium Ø
200 mg Hypericum Ø
70 mg Mentha piperita Ø
30 mg Absinthium Ø

Begründung der Kombination

Melissa officinalis (Zitronenmelisse) wirkt entspannend bei nervösen Magen-Darm-Beschwerden, Millefolium (Schafgarbe) wirkt spasmolytisch, karminativ, magensekretionsfördernd und cholagog, Hypericum (Johanniskraut) wirkt stimmungsaufhellend und nervenstärkend, Mentha piperita (Pfefferminze) ist spasmolytisch, karminativ und cholagog, und Absinthium (Wermut) wirkt tonisierend und magensekretionsfördernd.

Anwendungsgebiete

Melissa comp. ist ein leicht bitteres Magenmittel, bei Verdauungsbeschwerden sowie nervösen und krampfartigen Magen-Darm-Beschwerden.

Dosierung

Nach Bedarf bis 5-mal täglich 2–5 Tropfen einnehmen.

Solidago comp.

Goldruten-Komplex

Zusammensetzung

1 g enthält:
400 mg Solidago virgaurea Ø
200 mg Equisetum arvense Ø
150 mg Urtica dioica Ø
150 mg Betula pendula Ø
100 mg Sambucus nigra Ø

Begründung der Kombination

Solidago comp. ist ein spezifisches Nierentherapeutikum. Es besteht aus Urtinkturen von vier typischen Vertretern diuretisch wirksamer Arzneipflanzen. Der Komplex deckt mehrere psychische Konstitutionen ab, die im Zusammenhang mit einer Nierenerkrankung oder mangelnden Diurese stehen können.
Dabei gelten folgende Beziehungen:

Pflanze	*Wesen*
Echte Goldrute (Solidago virgaurea)	*Beziehungsfähigkeit, Freundschaft, Wärme*
Ackerschachtelhalm (Equisetum arvense)	*Strukturierung, Gliederung*
Brennnessel (Urtica dioica)	*Durchsetzungskraft, Wille, Aggression*
Blätter der Birke (Betula pendula)	*Anmut, Flexibilität, Jugendlichkeit*

Diese Pflanzencharaktere sind teilweise sehr unterschiedlich und können nicht unmittelbar eine Einheit bilden. Deshalb werden sie über eine fünfte Pflanze, den Schwarzen Holunder (Sambucus nigra) mit dem Wesen der Reifung und Vollendung, zu einem Komplex vereinigt.

Als Ganzheit haben wir dadurch einen Nieren-Blasen-Komplex, der eine größere Anzahl organischer und psychischer Ursachen bei entsprechenden Symptomen abdeckt.

Anwendungsgebiete

Störungen der Nierenfunktion, mangelhafte Diurese, Harnwegsinfekte, Rezidivprophylaxe bei Harnwegsinfekten, Ausleitungsbedarf über die Niere, Nierengrieß, Steinprophylaxe, Ödeme renalen Ursprungs

Dosierung

1–3-mal täglich 3–7 Tropfen in einem halben Glas Wasser einnehmen.

Taraxacum comp.

Löwenzahn-Komplex

Zusammensetzung

1 g enthält:
400 mg Taraxacum Ø
300 mg Carduus marianus Ø
300 mg Chelidonium D4

Begründung der Kombination

Taraxacum (Löwenzahn) fördert den Leberstoffwechsel und den Gallenfluss, Carduus marianus (Mariendistel) schützt die Leberzellmembran und wirkt entgiftend, und Chelidonium (Schöllkraut) ist ein Spasmolytikum für die Gallenwege.

Anwendungsgebiete

Basistherapeutikum zur Aktivierung der Leber, besonders bei Erkrankungen, bei denen eine Ausleitung über die Leber erfolgen soll, Entzündungen im Gallensystem

Dosierung

1–3-mal täglich 2–5 Tropfen einnehmen.

Urtica-Sambucus comp.

Brennnessel-Holunder-Komplex

Zusammensetzung

1 g enthält:
Urtica dioica D6, D8, D12
Carduus marianus D6, D8, D12
Millefolium D6, D8, D12
Geranium robertianum D6, D8, D12
Sambucus nigra D18, D20, D24

Begründung der Kombination

Die Bestandteile von Urtica-Sambucus comp. sind aufgrund ihrer Entsprechung mit verschiedenen wesenhaften Aspekten bei Allergien zusammengestellt.

Urtica dioica: Aggression

Eine Allergie ist ein aggressives Geschehen, denn die Allergene werden mit großer Heftigkeit bekämpft. Natürlich richtet sich die Aggression letztlich gegen sich selbst. Es besteht die Meinung, Allergien seien die Folge nicht zugelassener Aggression, deren Energie sich nach innen entlädt.

Carduus marianus: Abgrenzung

Eine Allergie ist auch eine Abgrenzungsschwäche. Der Organismus kann sich gegenüber Fremdkörpern nicht auf angemessene Weise abgrenzen, so dass es zu einer überschießenden Abwehr kommt.

Millefolium: Unterscheidungsvermögen

Allergene sind Substanzen, die für den Organismus keine reelle Bedrohung darstellen. Das Immunsystem müsste sie nicht als potenziell gefährlich und bekämpfenswert beurteilen. Es liegt also ein Mangel an Unterscheidungsvermögen vor.

Geranium robertianum: Ziehen, Reinigen, Vermittlung zwischen pflanzlicher (vegetativer) und tierischer (emotionaler) Ebene

Die Allergie kann als Symptom einer ungelösten Aggressionsproblematik aufgefasst werden, die sich von der psychischen auf die körperliche Ebene verlagert hat. Geranium hat unter anderem die Wesenseigenschaft, Prozesse von der pflanzlich-vegetativen auf die tierisch-emotionale Ebene zu ziehen. Damit wird die Umkehr des Weges, der zur Allergie geführt hat, ermöglicht.

Sambucus nigra: Vollendung, Reifung

Die anhaltend entzündlichen Symptome des Heuschnupfens zeigen an, dass es sich um einen unvollendeten Wärmeprozess handelt, der nicht zum Abschluss kommen kann. Sambucus schließt den Prozess ab und führt zur Ausheilung. Es ist neben Urtica die wesentlichste Komponente, weshalb Sambucus in höheren Potenzen enthalten ist.

Anwendungsgebiete

Heuschnupfen, Allergien

Dosierung

Nach Bedarf bis 5-mal täglich 2–5 Tropfen einnehmen.

Etwa 2–3 Wochen vor der Heuschnupfensaison mit der Therapie beginnen.

Valeriana comp.

Baldrian-Komplex

Zusammensetzung

1 g enthält:
350 mg Valeriana officinalis Ø
250 mg Lupulus Ø
250 mg Melissa officinalis Ø
150 mg Petasites D6

Begründung der Kombination

Valeriana (Baldrian) und Lupulus (Hopfen) bilden eine bewährte Kombination und ergänzen sich in ihrer entspannenden, beruhigenden und einschlaffördernden Wirkung. Melissa (Melisse) ist angezeigt bei nervösen Unruhezuständen mit Bezug zum Magen. Petasites wirkt krampflösend.

Die Bestandteile der Kombination decken mehrere Typen und Ursachen von Unruhe und Schlafstörungen ab. Valeriana comp. wird als Beruhigungsmittel eingesetzt, wenn keine eindeutige Zuordnung zu einer der bei den Einzelmitteln beschriebenen entspannenden Heilpflanzen möglich ist.

Anwendungsgebiete

Schlaflosigkeit, Einschlafstörungen, nervöse Spannungszustände und Unruhe

Dosierung

1–3-mal täglich 2–5 Tropfen einnehmen oder 1-mal täglich vor dem Schlafengehen 3–7 Tropfen einnehmen.

Viscum comp.

Mistel-Komplex

Zusammensetzung

1 g enthält:
250 mg Viscum album Ø
250 mg Sambucus nigra Ø
250 mg Calendula officinalis Ø
250 mg Viola tricolor Ø

Begründung der Kombination

Viscum comp. besteht aus vier Urtinkturen zu gleichen Teilen. Alle vier Pflanzen bergen in ihrem Wesen Kräfte, die im Prozess des Ganz- und Heilwerdens notwendig sind. Außerdem hat jede Pflanze einen klaren Bezug zu je zweien der vier klassischen Elemente. Die vier Zweierkombinationen der Elemente ergänzen sich gegenseitig, wie in der unten angegebenen Reihenfolge ersichtlich ist.

Viscum album (Mistel)
Wesen: Kugel als vollkommene Form
Elemente: Wasser/Luft

Sambucus nigra (Holunder)
Wesen: Durch Reifung zur Vollendung
Elemente: Luft/Feuer

Calendula (Ringelblume)
Wesen: Wiederherstellen der Ganzheit
Elemente: Feuer/Erde

Viola tricolor (Stiefmütterchen)
Wesen: Wahrheit folgt auf den Schein
Elemente: Erde/Wasser

Die vier Pflanzen mit den sich ergänzenden zweimal vier Elementen bilden – geometrisch und energetisch – ein stabiles Quadrat, wie das Bildnis einer festen Grundlage für die tatkräftige und aktuelle Realisierung des Lebensauftrags.
Viscum comp. symbolisiert den Grund und Boden, auf dem wir stehen und arbeiten. Das Mittel gibt inneres Gleichgewicht und seelische Stabilität. Das Wesen dieser Kombination ist ganz auf das Hier und Jetzt gerichtet. Es geht darum, die aktuelle Lebenssituation anzunehmen. So können neue, positive Energien geschöpft werden, und ein Ausgleich zwischen Gegensätzen ist möglich.

Anwendungsgebiete

Allgemein wird das Mittel in Situationen eingenommen, in denen man das Gefühl hat, dass einem der Boden unter den Füßen weggezogen wurde und starke Zweifel an der eigenen Existenzberechtigung bestehen.
Bei Depressionen, mangelndem Selbstwertgefühl, labilem Gemütszustand, fehlendem Realitätssinn, fehlender Vitalität, zur Stärkung der psychischen und physischen Widerstandskraft

Dosierung

1–3-mal täglich 3–5 Tropfen in wenig Wasser einnehmen.

Homöopathische Dilutionen

Allium cepa

Küchenzwiebel, frische Zwiebel

Arzneimittelbild: Schnupfen mit wässrigem, wund machendem Sekret (Besserung an der frischen Luft), Entzündung der Luftwege mit viel Schleimabsonderung, Nebenhöhlenentzündung, Kopfschmerz mit Benommenheit bei Entzündungen der Nebenhöhlen, Blähungskolik, Nervenschmerz, Phantomschmerz
Dilutionen: D6
Dosierung: 1–5-mal täglich 2–5 Tropfen einnehmen.

Aconitum

Eisenhut (Aconitum napellus), frische ganze Pflanze

Arzneimittelbild: Beginnende fieberhafte Infekte ohne Schweiß (Besserung bei Eintritt des Schweißes), brennender Durst auf große Mengen kaltes Wasser, beschleunigter, kräftiger Puls, Blutandrang im Kopf, unerträgliche Schmerzen, stechende Schmerzen am Herzen, große Angst, Todesangst, Ruhelosigkeit, Beschwerden ausgelöst durch kalte, trockene Winde oder Schreck
Dilutionen: D6, D12
Dosierung: 2–5-mal täglich 5 Tropfen einnehmen.

Arnica

Arnika (Arnica montana), getrocknete Wurzel

Arzneimittelbild: Bei allen Arten von Verletzungen und Unfällen, besonders mit Blutungen, Gehirnerschütterung, Benommenheit, Gefühl der Zerschlagenheit am ganzen Körper, Muskelschmerzen nach Überlastung, große Berührungsempfindlichkeit, Erkrankungen des arteriellen und venösen Systems
Gegenanzeigen: Bekannte Überempfindlichkeit gegen Korbblütler
Nebenwirkungen: In seltenen Fällen können allergische Hautreaktionen auftreten.
Dilutionen: D6, D12, D30
Dosierung: 2–5-mal täglich 5 Tropfen einnehmen.

Belladonna

Tollkirsche (Atropa belladonna), frische ganze Pflanze

Arzneimittelbild: Hoch fieberhafte Entzündungen der Mandeln, der Atemorgane, des Magen-Darm-Trakts, der Harn- und Geschlechtsorgane, der Gehirnhaut, der Haut, der Gelenke mit starkem Schwitzen, Delirium, pulsierender Kopfschmerz, Blutandrang zum Kopf mit großer Hitze und Rötung, Überempfindlichkeit gegen alle Sinnesreize, plötzliches Auftreten und große Heftigkeit der Beschwerden
Dilutionen: D6
Dosierung: 2–6-mal täglich 5 Tropfen einnehmen.

Berberis

Berberitze (Berberis vulgaris), Wurzelrinde

Arzneimittelbild: Nierenerkrankungen und Harnwegserkrankungen, insbesondere Nierensteinleiden, Gicht; Rheumatismus, Erkrankungen der Leber und Gallenblase, trockene Hauterkrankungen, Fisteln
Dilutionen: D3, D6
Dosierung: 2–5-mal täglich 5 Tropfen einnehmen.

Chamomilla

Kamille (Matricaria recutita), frische blühende Pflanze

Arzneimittelbild: Mittelohrentzündung, Entzündungen der Atemorgane, Zahnungsbeschwerden, Entzündungen und Krämpfe der Verdauungsorgane, Durchfall, Entzündungen der weiblichen Geschlechtsorgane, heftige Schmerzzustände, reizbare Verstimmungszustände
Dilutionen: D30
Dosierung: 1–3-mal täglich 2–5 Tropfen einnehmen.

Chelidonium

Schöllkraut (Chelidonium majus), frische Wurzeln

Arzneimittelbild: Gallensteinbildungen und chronische Störungen des Leber-Galle-Systems, funktionelle Oberbauchbeschwerden, Verstopfung, Entzündungen der Atemorgane, Rheumatismus
Dilutionen: D4, D6, D8
Dosierung: 2–5-mal täglich 5 Tropfen einnehmen.

Cimicifuga

Traubensilberkerze (Cimicifuga racemosa), frischer Wurzelstock mit anhängenden Wurzeln

Arzneimittelbild: Funktionsstörungen der weiblichen Geschlechtsorgane (besonders in den Wechseljahren) aufgrund von Hormonstörungen, Schwangerschaftsübelkeit, Migräne, neuralgische und rheumatische Schmerzen am ganzen Körper, Druckgefühl auf dem Herzen, unregelmäßiger Puls, große Erregung des Nervensystems, Ruhelosigkeit mit Bewegungsdrang, große Schwäche, allgemeine Zerschlagenheit, Niedergeschlagenheit
Dilution: D2
Dosierung: 3-mal täglich 3–5 Tropfen in etwas Wasser einnehmen.

Colchicum

Herbstzeitlose (Colchicum autumnale), frische Knollen

Arzneimittelbild: Akute und chronische Gicht, akuter Gelenkrheumatismus, Sehnenscheidenentzündung, Endokarditis, Perikarditis, Nierenentzündung, Entzündung des Magen-Darm-Trakts, Gedächtnisschwäche
Dilutionen: D8, D12
Dosierung: 2–5-mal täglich 5 Tropfen einnehmen.

Convallaria

Maiglöckchen (Convallaria majalis), frisches blühendes Kraut

Arzneimittelbild: Herzrhythmusstörungen, Herzschwäche, stechende Schmerzen in der Herzgegend, Endokarditis, kolikartige Schmerzen im Magen-Darm-Bereich, Blasenschmerzen, Schmerzen in der Kreuz- und Uterusgegend, Rückenschmerzen, Schmerzen in Hand- und Fußgelenken
Dilutionen: D4, D6
Dosierung: 1–3-mal täglich 5 Tropfen einnehmen.

Hypericum

Johanniskraut (Hypericum perforatum), frische blühende Pflanze

Arzneimittelbild: Verletzungen des peripheren oder zentralen Nervensystems, z. B. nervenreicher Organe wie Finger, Zehen, Rückenmark, Hirnerschütterung, Nervenschmerzen nach Operationen, Trigeminusneuralgie, depressive Verstimmungszustände, Asthma
Dilution: D30
Dosierung: 1–3-mal täglich 5 Tropfen einnehmen.

Mercurialis

Bingelkraut (Mercurialis perennis), frische blühende Pflanze

Arzneimittelbild: Juckreiz und Brennen in den Augen und Atemwegen bei Pollenallergie und Ozonbelastung
Dilutionen: D2, D6, D12
Dosierung: Bei Auftreten der Symptome 2–4 Tropfen nach Bedarf bis 5-mal täglich einnehmen.

Petasites

Pestwurz (Petasites hybridus), frisches blühendes Kraut

Arzneimittelbild: Krampfartige Schmerzen der glatten Muskulatur wie Koliken und Menstruationsbeschwerden
Dilution: D6
Dosierung: 3–6-mal täglich 5 Tropfen einnehmen.

Anwendungsgebiete im Überblick

Die nachfolgende Aufstellung vermittelt eine Übersicht der wichtigsten Anwendungsgebiete mit den dazugehörenden Urtinkturen, Kombinationsmitteln und homöopathischen Dilutionen. Die therapeutische Anwendung erfordert weitere Informationen, die den jeweiligen Pflanzenbeschreibungen entnommen werden können.

Leber-Galle-System:
Taraxacum Ø
Carduus marianus Ø
Taraxacum comp.
Cynara scolymus Ø
Cichorium intybus Ø
Chelidonium D4, D6, D8

Verdauung:
Gentiana Ø
Absinthium Ø
Centaurium Ø
Melissa Ø
Melissa comp.
Lavandula Ø
Imperatoria Ø

Nieren-Blasen-System:
Allium ursinum Ø
Betula Folium Ø
Equisetum arvense Ø
Fraxinus excelsior Ø
Solidago Ø
Solidago comp.
Urtica dioica Ø
Berberis D3, D6

Nervosität und Schlafstörungen:
Avena sativa Ø
Lupulus Ø
Valeriana Ø
Valeriana comp.
Passiflora Ø
Melissa Ø
Lavandula Ø
Hypericum Ø
Daucus comp.

Herz- und Kreislaufstörungen:
Crataegus Ø
Convallaria D4, D6
Passiflora incarnata Ø
Viscum album Ø
Rosmarinus Ø
Ginkgo Ø
Melilotus Ø
Aesculus Ø

Erkältungskrankheiten:
Echinacea Ø
Sambucus nigra Ø
Hedera helix Ø
Hedera comp.
Thymus vulgaris Ø
Salvia officinalis Ø
Plantago lanceolata Ø
Tropaeolum majus Ø
Alium cepa D6
Belladonna D6

Heuschnupfen:
Urtica-Sambucus comp.
Mercurialis D2, D6, D12
Euphrasia Ø

Rheumatischer Formenkreis:
Fraxinus excelsior Ø
Betula Folium Ø
Urtica dioica Ø
Rosmarinus Ø
Ribes nigrum Ø
Colchicum D8, D12

Frauenkrankheiten:
Alchemilla Ø
Alchemilla comp.
Cimicifuga D2
Chamomilla Ø
Lycopus Ø
Millefolium Ø
Bellis perennis Ø
Bursa pastoris Ø
Petasites D6
Ribes nigrum Ø

Notfallmittel (Schock):
Geranium robertianum Ø
Arnica D6, D12, D30

Indikationsverzeichnis

Indikationen	Begleitindikationen	Mittel	Seite
Abwehrschwäche	Infektionen	Echinacea purpurea Ø	39
		Imperatoria Ø	49
Aerophagie		Absinthium Ø	24
Albuminurie	Nierenschwäche	Solidago Ø	64
Alkoholismus	Entgiftungsbedarf über die Leber	Carduus marianus Ø	33
	Angstzustände	Hedera helix Ø	47
Allergien	Stauungsprozesse, Leber und Galle	Taraxacum Ø	65
	Stoffwechselschwäche	Urtica dioica Ø	68
	Heuschnupfen (nach AMB)	Mercurialis D2, D6, D12	81
	Heuschnupfen	Urtica-Sambucus comp.	76
Altersherz	Druck in der Herzgegend	Crataegus Ø	37
Anämie	mangelnde Begeisterungsfähigkeit	Rosmarinus Ø	60
	Stoffwechselschwäche	Urtica dioica Ø	68
	Teilnahmslosigkeit, Depression	Absinthium Ø	24
Anaphrodisiakum		Lupulus Ø	51
Angina pectoris		Crataegus Ø	37
Angst	Depressionen	Hypericum Ø	48
Anorexia nervosa		Centaurium Ø	34
Antriebsschwäche	Konzentrationsstörungen	Daucus comp.	72
		Hypericum comp.	74
Appetitlosigkeit	psychovegetative Schwächezustände	Absinthium Ø	24
	auf psychosomatischer Grundlage	Centaurium Ø	34
		Gentiana Ø	43
		Melissa comp.	74
	Stauungsprozesse, Leber und Galle	Taraxacum Ø	65
		Cichorium intybus Ø	36
Arteriosklerose	Hypertonie	Allium ursinum Ø	27
		Cynara scolymus Ø	38
Arthritis		Fraxinus excelsior Ø	42
Asthma	Druck in der Herzgegend	Crataegus Ø	37
	Angstzustände	Hedera helix Ø	47
		Glechoma hederacea Ø	46
Atemwegserkrankungen	Entzündungen	Chamomilla Ø	35
	Abwehrschwäche	Echinacea purpurea Ø	39
	langwierig-hartnäckig-zehrend	Glechoma hederacea Ø	46
	chronische Sinusitis	Sambucus nigra Ø	62
Atonische Zustände des Magens		Absinthium Ø	24
Augenleiden	Augenermüdung	Euphrasia Ø	41

Indikationen	Begleitindikationen	Mittel	Seite
Ausleitungsbedarf	Stauungsprozesse, Leber und Galle	Taraxacum Ø	65
(über Leber, Galle)	Leberschwäche	Taraxacum comp.	76
		Cichorium intybus Ø	36
(über Leber)	Giftbelastung	Carduus marianus Ø	33
(über Nieren)	Erstarrungszustände, Müdigkeit	Betula Folium Ø	30
(über Nieren)	Bindegewebsschwäche	Equisetum arvense Ø	40
(über Nieren)		Solidago Ø	64
(über Nieren)		Solidago comp.	75
(über Nieren)	Stoffwechselschwäche	Urtica dioica Ø	68
(über Nieren)		Allium ursinum Ø	27
(über die Lymphe)		Geranium robertianum Ø	44
Bauchspeicheldrüse, Anregung		Hypericum comp.	74
Beinschmerzen/-schwere	chronische Veneninsuffizienz	Aesculus Ø	25
		Melilotus Ø	53
Bindegewebeverschlackung		Equisetum arvense Ø	40
Bindehautentzündung		Euphrasia Ø	41
Blähungen	Verdauungsschwäche	Gentiana Ø	43
	Krämpfe, Übelkeit	Mentha piperita Ø	55
	Entzündungen	Salvia Ø	61
	bei Intestinalmykosen	Tropaeolum majus Ø	67
Blepharitis		Euphrasia Ø	41
Blutarmut	Stoffwechselschwäche	Urtica dioica Ø	68
Blutdruckstörungen	Druck in der Herzgegend	Crataegus Ø	37
		Viscum album Ø	71
Blutergüsse		Bellis perennis Ø	29
Blutfettwerte, erhöhte		Cynara scolymus Ø	38
Blutreinigung		Urtica dioica Ø	68
		Allium ursinum Ø	27
Blutungen, starke	hellrote Farbe	Millefolium Ø	56
Bradykardie	Druck in der Herzgegend	Crataegus Ø	37
Bronchialkatarrh		Hedera comp.	73
		Imperatoria Ø	49
Bronchitis	Abwehrschwäche	Echinacea purpurea Ø	39
	langwierig-hartnäckig-zehrend	Glechoma hederacea Ø	46
	kältebedingt	Thymus vulgaris Ø	66
– spastische		Hedera helix Ø	47
– akute	starke Emotionalität	Plantago lanceolata Ø	58
Brustschmerz, -spannen	Schilddrüsenüberfunktion	Lycopus europaeus Ø	52
Bulimie		Centaurium Ø	34
Cerebrovaskuläre Insuffizienz	Schwindel	Ginkgo Ø	45
Conjunctivitis		Euphrasia Ø	41
Cystitis	Erstarrungszustände	Betula Folium Ø	30
	Bindegewebsschwäche	Equisetum arvense Ø	40
		Solidago Ø	64
	Abwehrschwäche	Echinacea purpurea Ø	39
		Tropaeolum majus Ø	67

Indikationen	Begleitindikationen	Mittel	Seite
Darmentzündung	Dyspepsie	Allium ursinum Ø	27
		Hedera helix Ø	47
Darmschleimhautentzündung		Salvia Ø	61
Depressionen	atonische Zustände	Absinthium Ø	24
	Konzentrationsstörungen	Daucus comp.	72
	Kälteempfindlichkeit	Hypericum comp.	74
	Lichtmangel	Hypericum Ø	48
	Leberfunktionsstörungen	Taraxacum Ø	65
Diuresemangel	Stauungsprozesse, Leber	Taraxacum Ø	65
	Stauungsprozesse, Niere	Solidago Ø	64
	periphere Ödeme	Solidago comp.	75
Drüsenschwellungen	Lymphaktivierungsbedarf	Geranium robertianum Ø	44
	Ödem	Solidago Ø	64
Durchblutungsstörungen	degenerative Gefäßerkrankungen	Ginkgo Ø	45
Durchfall		Alchemilla Ø	26
	Entgiftungsbedarf über Leber	Carduus marianus Ø	33
	bei Nervosität	Lavandula Ø	50
	Entzündungen	Salvia Ø	61
	bei Dysbiose	Tropaeolum majus Ø	67
		Melissa comp.	74
Dysbiose		Allium ursinum Ø	27
		Tropaeolum majus Ø	67
Dysmenorrhoe		Alchemilla comp.	26
	Krämpfe	Petasites D6	81
		Millefolium Ø	56
	nach homöopath. Arzneimittelbild	Chamomilla D30	80
Dyspeptische Beschwerden		Allium ursinum Ø	27
		Gentiana Ø	43
	mangelnde Begeisterungsfähigkeit	Rosmarinus Ø	60
	Stauungsprozesse, Leber und Galle	Taraxacum Ø	65
		Cichorium intybus Ø	36
Eierstockentzündung	heftige Schmerzen	Chamomilla Ø	35
Einschlafstörungen		Lavandula Ø	50
	tagsüber schläfrig, nachts wach	Lupulus Ø	51
	bei Überforderung	Avena sativa Ø	28
	Sorgen	Passiflora incarnata Ø	57
	Überempfindlichkeit aller Sinne	Valeriana Ø	69
		Valeriana comp.	77
Eiterungen der Haut		Calendula Ø	32
Ekzeme	Giftbelastung, Abgrenzungsprobleme	Carduus marianus Ø	33
	Lymphaktivierungsbedarf	Geranium robertianum Ø	44
	Ausleitungsbedarf über Nieren	Berberis D3, D6	79
	Ausleitungsbedarf über Nieren	Urtica dioica Ø	68
		Viola tricolor Ø	70
Energiemangel	Kälteempfindlichkeit	Hypericum comp.	74

Indikationen	Begleitindikationen	Mittel	Seite
Entzündungen	Schmerzen	Chamomilla Ø	35
	Abwehrschwäche	Echinacea purpurea Ø	39
– der Atemwege	chronische Atemwegserkrankungen	Sambucus nigra Ø	62
– hoch fieberhaft	nach homöopath. Arzneimittelbild	Belladonna D6	79
– hoch fieberhaft	nach homöopath. Arzneimittelbild	Aconitum D6	79
Epistaxis, lokal		Bursa pastoris Ø	31
Erfrierungen		Calendula Ø	32
Erkältungskrankheiten	Abwehrschwäche	Echinacea purpurea Ø	39
	chron. Atemwegserkrankungen	Sambucus nigra Ø	62
Erschöpfungszustände	Depression	Hypericum Ø	48
	Überforderung (nach Krankheiten)	Avena sativa Ø	28
	Kreislaufschwäche	Crataegus Ø	37
	Verdauungsstörungen	Gentiana Ø	43
	Stoffwechselschwäche	Urtica dioica Ø	68
Erstarrungsprozesse	Leberfunktionsstörungen	Taraxacum Ø	65
Extrasystolen	Druck in der Herzgegend	Crataegus Ø	37
	nach homöopath. Arzneimittelbild	Convallaria D4, D6	80
Fettverdauungsmangel	Stauungsprozesse, Leber und Galle	Taraxacum Ø	65
		Cynara scolymus Ø	38
Fluor albus		Alchemilla Ø	26
Frauenleiden	Entzündungen der Geschlechtsorgane	Chamomilla Ø	35
Frösteln		Hypericum comp.	74
Frühjahrsmüdigkeit	Stauungsprozesse, Leber und Galle	Taraxacum Ø	65
	Stoffwechselschwäche	Urtica dioica Ø	68
		Glechoma hederacea Ø	46
		Allium ursinum Ø	27
Gallenblasenbeschwerden		Chelidonium D4, D6, D8	80
	Krämpfe, Übelkeit	Mentha piperita Ø	55
	Stauungsprozesse	Taraxacum Ø	65
Gallenfluss, mangelnder	psychovegetative Schwächezustände	Absinthium Ø	24
Gallenschwäche	Ausleitungsbedarf	Taraxacum comp.	76
		Cichorium intybus Ø	36
Gallensteine	Stauungsprozesse	Taraxacum Ø	65
	nach homöopath. Arzneimittelbild	Chelidonium D4, D6, D8	80
Gastrischer Kopfschmerz	Stauungsprozesse, Leber und Galle	Taraxacum Ø	65
		Cichorium intybus Ø	36
Gastropathien	tagsüber schläfrig, nachts wach	Lupulus Ø	51
Gebärmutterentzündung	heftige Schmerzen	Chamomilla Ø	35
Geburtsvor- und nachbereitung		Alchemilla Ø	26
Gedächtnisschwäche	organisches Psychosyndrom	Ginkgo Ø	45
Gedankenflucht	Überempfindlichkeit aller Sinne	Valeriana Ø	69
Gerstenkorn		Euphrasia Ø	41
Gicht	Stauungsprozesse, Leber und Galle	Taraxacum Ø	65
	Stoffwechselschwäche	Urtica dioica Ø	68
	nach homöopath. Arzneimittelbild	Colchicum D8, D12	80
Gingivitis		Chamomilla Ø	35
		Echinacea purpurea Ø	39
		Salvia Ø	61

Indikationen	Begleitindikationen	Mittel	Seite
Gliederschmerzen, ruckartige	Überempfindlichkeit aller Sinne	Valeriana Ø	69
Grippale Infekte, ohne Schweiss	Fieber	Sambucus nigra Ø	62
Grippale Infekte, ohne Fieber	Abwehrschwäche	Echinacea purpurea Ø	39
Grippe		Tropaeolum majus Ø	67
	bei Unruhe	Aconitum D6	79
Hämorrhoiden	chronische Veneninsuffizienz	Aesculus Ø	25
		Melilotus Ø	53
		Millefolium Ø	56
		Taraxacum comp.	76
Harnwegsinfekte	Erstarrungszustände	Betula folium Ø	30
	Abwehrschwäche	Echinacea purpurea Ø	39
	Bindegewebsschwäche	Equisetum arvense Ø	40
		Solidago Ø	64
		Solidago comp.	75
		Tropaeolum majus Ø	67
		Urtica dioica Ø	68
Hautausschläge	Ausleitungsbedarf über Nieren	Betula folium Ø	30
	Nierenschwäche	Solidago Ø	64
	Nierenschwäche	Solidago comp.	75
Hauteiterungen		Calendula Ø	32
Hautkrankheiten	Lymphaktivierungsbedarf	Geranium robertianum Ø	44
	Stauungsprozesse, Leber und Galle	Taraxacum Ø	65
		Viola tricolor Ø	70
Hautleiden,		Calendula Ø	32
zur externen Anwendung	Blutungen	Millefolium Ø	56
Heiserkeit		Euphrasia Ø	41
		Salvia Ø	61
Hepatitiden, akut und chronisch		Carduus marianus Ø	33
Herpes		Hypericum Ø	48
Herpes labialis, extern		Melissa officinalis Ø	54
Herzbeschwerden	Druck- und Beklemmungsgefühl	Crataegus Ø	37
(Insuffizienz)		Crataegus Ø	37
(Herzklopfen)	Schilddrüsenüberfunktion	Lycopus europaeus Ø	52
(Herzrhythmusstörungen)	nachlassende Herzleistungsfähigkeit	Crataegus Ø	37
(Herzrhythmusstörungen)	nach homöopath. Arzneimittelbild	Convallaria D4, D6	80
(Extrasystolen)	nach homöopath. Arzneimittelbild	Convallaria D4, D6	80
(Herzschmerzen)	psychische Unruhe	Passiflora incarnata Ø	57
Heuschnupfen		Euphrasia Ø	41
		Urtica-Sambucus comp.	76
	akute Stadien	Mercurialis D2, D6, D12	81
Hitzewallungen	Wechseljahrbeschwerden	Alchemilla comp.	72
		Salvia Ø	61
Hordeolum		Euphrasia Ø	41
Husten		Euphrasia Ø	41
		Hedera comp.	73
	krampfartig	Hedera helix Ø	47
– akuter	starke Emotionalität	Plantago lanceolata Ø	58
– akuter	trocken	Thymus vulgaris Ø	66

Indikationen	Begleitindikationen	Mittel	Seite
Husten, trockener	mangelnde Schleimbildung	Thymus vulgaris Ø	66
Hyperaktivität	bei Kindern	Ginkgo Ø	45
Hyperhidrosis	Klimakteriumsbeschwerden	Salvia Ø	61
Hypermenorrhoe		Bursa pastoris Ø	31
Hyperthyreose		Lycopus europaeus Ø	52
Hypertonie	Arteriosklerose	Allium ursinum Ø	27
		Viscum album Ø	71
Hypothyreose		Hedera helix Ø	47
Hypotonie	mangelnde Begeisterungsfähigkeit	Rosmarinus Ø	60
		Crataegus Ø	37
Infektionskrankheiten	mit Schmerzen	Chamomilla Ø	35
	Abwehrschwäche	Echinacea purpurea Ø	39
	zur Vorbeugung	Echinacea purpurea Ø	39
Infektionskrankheiten	zur Stützung des Kreislaufs	Crataegus Ø	37
	bei nur langsamer Besserung	Solidago Ø	64
Innenohrbeschwerden	Durchblutungs-/Funktionsstörung	Ginkgo Dryopteris comp.	73
Insektenstiche		Geranium robertianum Ø	44
Insuffizienz, venöse		Aesculus Ø	25
		Melilotus Ø	53
Ischiassyndrom		Hypericum Ø	48
Juckreiz (Beine)	chronische Veneninsuffizienz	Aesculus Ø	25
		Melilotus Ø	53
Kälteempfindlichkeit		Hypericum comp.	74
Kältegefühl an den Extremitäten	Stauungsprozesse, Leber und Galle	Taraxacum Ø	65
Katarrhe der Luftwege	Abwehrschwäche	Echinacea purpurea Ø	39
	Schleimhautentzündungen	Plantago lanceolata Ø	58
Kehlkopfentzündung		Hedera helix Ø	47
Keuchhusten	Angstzustände	Hedera helix Ø	47
		Thymus vulgaris Ø	66
Klimakteriumsbeschwerden		Alchemilla comp.	72
		Cimicifuga D2	80
	psychosomatische Beschwerden	Salvia Ø	61
Konjunktivitis		Euphrasia Ø	41
Konzentrationsstörungen	organisches Psychosyndrom	Ginkgo Ø	45
	Antriebsschwäche	Daucus comp.	72
Kopfschmerzen	Verdauungsstörungen	Gentiana Ø	43
	zerebrovaskuläre Insuffizienz	Ginkgo Ø	45
		Melilotus Ø	53
	mangelnde Begeisterungsfähigkeit	Rosmarinus Ø	60
– gastrische	Stauungsprozesse, Leber und Galle	Taraxacum Ø	65
		Cichorium intybus Ø	36
		Lavandula Ø	50
– vaskuläre		Allium ursinum Ø	27
Krampfaderleiden		Aesculus Ø	25
		Millefolium Ø	56
Krampfschmerzen	glatte Muskulatur	Petasites D6	81
Kreislaufbeschwerden	mangelnde Begeisterungsfähigkeit	Rosmarinus Ø	60
Kreuzbeinschmerz	chronische Veneninsuffizienz	Aesculus Ø	25

Indikationen	Begleitindikationen	Mittel	Seite
Labile Zustände, psychovegetativ		Lavandula Ø	50
Lähmungszustände	psychisch, nach Schrecken/Traumen	Geranium robertianum Ø	44
Laryngitis		Hedera helix Ø	47
Lebererkrankungen	Abgrenzungsprobleme	Carduus marianus Ø	33
Leberfunktionsschwäche	Ausleitungbedarf	Taraxacum comp.	76
	Stauungsprozesse	Taraxacum Ø	65
		Cichorium intybus Ø	36
Leberschäden, -zirrhose		Carduus marianus Ø	33
Lendenschmerz	chronische Veneninsuffizienz	Aesculus Ø	25
Lidrandentzündung		Euphrasia Ø	41
Lipidwerte, erhöhte		Cynara scolymus Ø	38
Lungenschwäche		Plantago lanceolata Ø	58
Lymphaktivierungsbedarf	Drüsenschwellungen	Geranium robertianum Ø	44
	Ödem	Melilotus Ø	53
Magen-Darm-Beschwerden		Lavandula Ø	50
		Melissa comp.	74
	nervöse Unruhe	Melissa officinalis Ø	54
	Krämpfe, Übelkeit	Mentha piperita Ø	55
Magenentzündung		Hedera helix Ø	47
Magenschwäche	psychovegetative Schwächezustände	Absinthium Ø	24
		Imperatoria Ø	49
Magersucht		Centaurium Ø	34
Mastodynie	Schilddrüsenüberfunktion	Lycopus europaeus Ø	52
Melancholie	Schrecken und Traumen	Geranium robertianum Ø	44
Menopausenbeschwerden	psychosomatische Beschwerden	Salvia Ø	61
Menorrhagie		Bursa pastoris Ø	31
		Millefolium Ø	56
Menstruationsbeschwerden		Alchemilla Ø	26
	Krämpfe	Petasites D6	81
		Millefolium Ø	56
	starke Blutungen	Bursa pastoris Ø	31
Meteorismus		Lavandula Ø	50
Metrorrhagie		Bursa pastoris Ø	31
Milzbeschwerden		Cichorium intybus Ø	36
Migräne	hormonelle Störungen	Ribes nigrum Ø	59
Milchschorf bei Kindern		Viola tricolor Ø	70
Müdigkeitsanfälle, heftige	Kreislaufschwäche	Crataegus Ø	37
Müdigkeitssyndrom, chronisches	Stoffwechselkrankheiten, Stauungsprozesse, Leber und Galle	Taraxacum Ø	65
Mundschleimhautentzündung, extern		Salvia Ø	61
Mundschleimhautveränderung	Katarrhe der Luftwege	Plantago lanceolata Ø	58
Muskelschmerzen	Überempfindlichkeit aller Sinne	Valeriana Ø	69
Muskelzerrung		Bellis perennis Ø	29
Muskelschmerzen		Bellis perennis Ø	29
Myalgien		Hypericum Ø	48
– nach Überlastung	nach homöopath. Arzneimittelbild	Arnica D6, D12, D30	79
Mykosen (als Adjuvans)		Tropaeolum majus Ø	67
Nasenbluten, lokal		Bursa pastoris Ø	31

Indikationen	Begleitindikationen	Mittel	Seite
Nausea	Krämpfe	Mentha piperita Ø	55
Nephritis		Solidago Ø	64
		Solidago comp.	75
Nervenschmerzen	Überempfindlichkeit aller Sinne	Valeriana Ø	69
– des Gesichtes	nach homöopath. Arzneimittelbild	Aconitum D6, D12	79
Nervenschwäche		Lavandula Ø	50
Nervenverletzungen		Hypericum Ø	48
	nach homöopath. Arzneimittelbild	Hypericum D30	81
Nervöse Unruhe	Depressionen	Hypericum Ø	48
	Überforderung	Avena sativa Ø	28
	Klimakteriumsbeschwerden	Cimicifuga D2	80
	Magen-Darm-Beschwerden	Melissa officinalis Ø	54
	Nervenschwäche	Lavandula Ø	50
	Überempfindlichkeit aller Sinne	Valeriana Ø	69
		Valeriana comp.	77
Nesselsuchtartige Hautkrankheiten		Urtica dioica Ø	68
Nierenfunktionsstörungen	Beziehungsprobleme	Solidago Ø	64
		Solidago comp.	75
Nierengrieß	Erstarrungszustände	Betula Folium Ø	30
	Bindegewebsschwäche	Equisetum arvense Ø	40
		Solidago Ø	64
		Solidago comp.	75
		Urtica dioica Ø	68
	nach homöopath. Arzneimittelbild	Berberis D3, D6	79
Obstipation	Entgiftungsbedarf über die Leber	Carduus marianus Ø	33
	Stauungsprozesse, Leber und Galle	Taraxacum Ø	65
Ödeme	chronische Veneninsuffizienz	Aesculus Ø	25
	Bindegewebsschwäche	Equisetum arvense Ø	40
	Nierenleiden	Solidago Ø	64
	Nierenleiden	Solidago comp.	75
– poststraumatisch, statisch	Strukturierungsschwäche	Equisetum arvense Ø	40
Ohrensausen	zerebrovaskuläre Insuffizienz	Ginkgo Ø	45
		Ginkgo-Dryopteris comp.	73
Osteoporoseprophylaxe		Equisetum arvense Ø	40
Palpitationen		Crataegus Ø	37
Pankreas, Anregung		Hypericum comp.	74
Parasitenbefall	Verdauungsbeschwerden	Absinthium Ø	24
Parodontose		Calendula Ø	32
Pertussis		Hedera helix Ø	47
Pharyngitis		Hedera helix Ø	47
Pollenallergie, Akutmittel	nach homöopath. Arzneimittelbild	Mercurialis D2, D6, D12	81
Polyarthritis, chronische		Fraxinus excelsior Ø	42
Postthrombotisches Syndrom	chronische Veneninsuffizienz	Aesculus Ø	25
		Melilotus Ø	53
Prämenstruelles Syndrom		Alchemilla comp.	72
	Schilddrüsenüberfunktion	Lycopus europaeus Ø	52
	Mykosen	Tropaeolum majus Ø	67
Prophylaxe von Infekten	Abwehrschwäche	Echinacea purpurea Ø	39

Indikationen	Begleitindikationen	Mittel	Seite
Prophylaxe von Osteoporose		Equisetum arvense Ø	40
Psychische Unruhezustände	Sorgen	Passiflora incarnata Ø	57
Psychovegetativ labile Zustände		Lavandula Ø	50
	Depressionen	Hypericum Ø	48
	Verdauungsbeschwerden	Absinthium Ø	24
– Herzleiden	nervöse Magen-Darm-Beschwerden	Melissa officinalis Ø	54
Quetschwunden		Calendula Ø	32
Rachenkatarrh		Hedera helix Ø	47
		Glechoma hederacea Ø	46
		Plantago lanceolata Ø	58
Rachenschleimhautentzündung, extern		Salvia Ø	61
Raucherhusten	chronische Atemwegserkrankung	Sambucus nigra Ø	62
Reizbarkeit	Schmerzen	Chamomilla Ø	35
Reizblase		Glechoma hederacea Ø	46
Reizhusten		Hedera comp.	73
	starke Emotionalität	Plantago lanceolata Ø	58
Reizmagen		Lavandula Ø	50
Rheumatischer Formenkreis	Stauungsprozesse, Leber und Galle	Taraxacum Ø	65
	Erstarrungszustände	Betula Folium Ø	30
	Angstzustände	Hedera helix Ø	47
	mangelnde Begeisterungsfähigkeit	Rosmarinus Ø	60
	Duldsamkeit	Fraxinus excelsior Ø	42
	Nebennierenanregung	Ribes nigrum Ø	59
	mit Hautausschlägen	Berberis D3, D6	79
	venöse Insuffizienz	Aesculus	25
Roehmheld-Syndrom	Nervenschwäche	Lavandula Ø	50
Rückenschmerzen	Angst, nervöse Unruhe	Hypericum Ø	48
Schilddrüsenüberfunktion	vegetativ-nervöse Störungen	Lycopus europaeus Ø	52
Schilddrüsenunterfunktion		Hedera helix Ø	47
Schlafstörungen	tagsüber schläfrig, nachts wach	Lupulus Ø	51
	Überforderung (nach Krankheiten)	Avena sativa Ø	28
	Sorgen	Passiflora incarnata Ø	57
	Überempfindlichkeit aller Sinne	Valeriana Ø	69
		Valeriana comp.	77
Schleimhautblutungen		Bursa pastoris Ø	31
Schleimhauterkrankungen, extern	Blutungen	Millefolium Ø	56
Schmerzen	Entzündungen	Chamomilla Ø	35
Schnittwunden		Hypericum Ø	48
Schnupfen	chronische Atemwegserkrankungen	Sambucus nigra Ø	62
	ätzend, wässriges Sekret	Allium cepa D6, D12	79
	langwierig-hartnäckig-zehrend	Glechoma hederacea Ø	46
Schockzustände, psychisch bedingte		Geranium robertianum Ø	44
Schwäche	Kreislaufbeschwerden	Rosmarinus Ø	60
	Stauungsprozesse, Leber, Galle	Taraxacum Ø	65
		Imperatoria Ø	49
Schweissbildung, übermässige	Klimakteriumsbeschwerden	Salvia Ø	61
Schweregefühl in den Beinen		Aesculus Ø	25
	Schwellungen	Melilotus Ø	53

Indikationen	Begleitindikationen	Mittel	Seite
Schwermetallausleitung		Allium ursinum Ø	27
Schwindelgefühle		Viscum album Ø	71
		Ginkgo Ø	45
Seborrhoische Hauterkrankungen		Viola tricolor Ø	70
Sehstörungen	Augenermüdung	Euphrasia Ø	41
Sinusitis	chronische Atemwegserkrankungen	Sambucus nigra Ø	62
Skoliose		Equisetum arvense Ø	40
Sorgen	psychische Unruhe	Passiflora incarnata Ø	57
Spannungsgefühl in der Brust	Schilddrüsenüberfunktion	Lycopus europaeus Ø	52
Spannungskopfschmerz		Passiflora incarnata Ø	57
		Petasites D6	81
Stauungsödem		Melilotus Ø	53
Steinleiden		Bursa pastoris Ø	31
Steinprophylaxe		Urtica dioica Ø	68
		Solidago comp.	75
Stichwunden		Hypericum Ø	48
Stirnhöhlenentzündung	chronische Atemwegserkrankungen	Sambucus nigra Ø	62
Stockschnupfen	chronische Atemwegserkrankungen	Sambucus nigra Ø	62
Stoffwechselkrankheiten	Stauungsprozesse, Leber und Galle	Taraxacum Ø	65
	Ablagerungen Gelenke, Niere	Urtica dioica Ø	68
Sucht	Rhythmusverlust	Avena sativa Ø	28
Thrombophlebitis		Melilotus Ø	53
Tinnitus		Ginkgo-Dryopteris comp.	73
Traurigkeit	nach Schrecken und Traumen	Geranium robertianum Ø	44
Trigeminusneuralgien	nach homöopath. Arzneimittelbild	Aconitum D6, D12	79
Trophische Veränderungen	chronische Veneninsuffizienz	Aesculus Ø	25
Übelkeit	Krämpfe	Mentha piperita Ø	55
Überempfindlichkeit aller Sinne	Unruhezustände	Valeriana Ø	69
Ulcus cruris	chronische Veneninsuffizienz	Aesculus Ø	25
Unruhezustände	Depressionen	Hypericum Ø	48
	Nervenschwäche	Lavandula Ø	50
	Sorgen	Passiflora incarnata Ø	57
	Überempfindlichkeit aller Sinne	Valeriana Ø	69
		Valeriana comp.	77
Unterleibsentzündung		Alchemilla Ø	26
Urticaria		Urtica dioica Ø	68
Uterusentzündung	heftige Schmerzen	Chamomilla Ø	35
Varikosis	postthrombotisches Syndrom	Aesculus Ø	25
		Melilotus Ø	53
Vegetativ-nervöse Störungen	tagsüber schläfrig, nachts wach	Lupulus Ø	51
Venendurchblutungsstörungen		Millefolium Ø	56
Veneninsuffizienz, chronische		Aesculus Ø	25
		Melilotus Ø	53
Verbrennungen		Calendula Ø	32
		Hypericum Ø	48
Verdauungsbeschwerden	psychovegetative Schwächezustände	Absinthium Ø	24
	Entgiftungsbedarf über die Leber	Carduus marianus Ø	33
	Untersäuerung	Centaurium Ø	34

Indikationen	Begleitindikationen	Mittel	Seite
Verdauungsbeschwerden	Entzündungen und Krämpfe	Chamomilla Ø	35
	erhöhte Blutfettwerte	Cynara scolymus Ø	38
	Appetitlosigkeit	Gentiana Ø	43
	Krämpfe	Melissa officinalis Ø	54
	Krämpfe	Millefolium Ø	56
	Entzündungen	Salvia Ø	61
		Melissa comp.	74
Vergiftungserscheinungen (Adjuvans bei akuten und chronischen)	durch organische Substanzen, verdorbene Nahrung, Giftpflanzen, Umweltgifte	Imperatoria Ø	49
Verstimmung	Schmerzen	Chamomilla Ø	35
Vigilanzmangel	Antriebsschwäche	Daucus comp.	72
Völlegefühl	Verdauungsstörungen	Gentiana Ø	43
Vorbeugung von Infekten	Abwehrschwäche	Echinacea purpurea Ø	39
Vorbeugung von Osteoporose		Equisetum arvense Ø	40
Wadenkrämpfe	chronische Veneninsuffizienz	Aesculus Ø	25
		Melilotus Ø	53
Wallungen	psychosomatische Beschwerden	Salvia Ø	61
		Alchemilla comp.	72
Wechseljahrbeschwerden		Alchemilla comp.	72
		Ribes nigrum Ø	59
Weichteilrheumatismus		Fraxinus excelsior Ø	42
Weichteilschwellung, postoperativ, posttraumatisch	venöse Insuffizienz	Aesculus Ø	25
Weißfluss		Alchemilla Ø	26
Wirbelsäulenverformung		Equisetum arvense Ø	40
Wunden		Calendula Ø	32
	Zahnextraktion	Salvia Ø	61
	Nervenverletzungen	Hypericum Ø	48
– extern	Blutungen	Millefolium Ø	56
– verdünnt extern	Abwehrschwäche	Echinacea purpurea Ø	39
– heilung nach Operation	nach homöopath. Arzneimittelbild	Arnica D12, D30	79
Zahnungsbeschwerden	Entzündungen	Chamomilla Ø	35
	nach homöopath. Arzneimittelbild	Chamomilla D30	80
Zerebrovaskuläre Insuffizienz	Schwindel	Ginkgo Ø	45

Die Autoren

Dr. Roger Kalbermatten
Geboren 1950 in Zürich, Chemiker, 25 Jahre Erfahrung auf dem Gebiet der Arzneipflanzenforschung. Entwicklung eines Verfahrens zur Optimierung der Herstellung pflanzlicher Urtinkturen. Erforschung des Wesens von Heilpflanzen durch Beobachtung und Studium ihrer Signatur an den natürlichen Standorten. Seminare und Vorträge im In- und Ausland. Gründer der CERES Heilmittel AG, der Produktionsstätte hochwertiger Urtinkturen.

Hildegard Kalbermatten
Geboren 1953 in Rebstein, pädagogische Berufsausbildung, systematische Weiterbildung in medizinischer und psychologischer Menschenkunde. Therapeutische Erfahrung mit pflanzlichen Heilmitteln. Erforschung des Wesens von Heilpflanzen durch das Studium ihrer Signatur. Vortragstätigkeit und Kursleitung in Pflanzenheilkunde, Mitgründerin der CERES Heilmittel AG.